10 PASSOS PARA UMA VIDA DE REALIZAÇÃO

DALE CARNEGIE

10 PASSOS PARA UMA VIDA DE REALIZAÇÃO

Tradução
Sandra Martha Dolinsky

1ª edição

Rio de Janeiro | 2022

TÍTULO ORIGINAL
10 Steps to a More Fulfilling Life

DESIGN DE CAPA
Letícia Quintilhano

COPIDESQUE
Anna Beatriz Seilhe

REVISÃO
Beatriz Ramalho

CIP-BRASIL. CATALOGAÇÃO NA PUBLICAÇÃO
SINDICATO NACIONAL DOS EDITORES DE LIVROS, RJ

C286d
    Carnegie, Dale
        10 passos para uma vida de realização / Dale Carnegie ; tradução Sandra Martha Dolinsky. – 1. ed. – Rio de Janeiro : BestSeller, 2022.

        Tradução de: 10 steps to a more fulfilling life
        ISBN 978-65-5712-134-4

        1. Autorrealização. 2. Motivação (Psicologia). 3. Técnicas de autoajuda. I. Dolinsky, Sandra Martha. II. Título.

22-77955
                      CDD: 158.1
                      CDU: 159.947.5

Gabriela Faray Ferreira Lopes – Bibliotecária – CRB-7/6643

Texto revisado segundo o novo Acordo Ortográfico da Língua Portuguesa.

Copyright © 2016 Dale Carnegie & Associates
All Rights reserved by JMW Group, Inc. Exclusive worldwide rights in all languages available only through JMW Group
jmwgroup@jmwgroup.net
Copyright de tradução © 2022 by Editora Best Seller Ltda.

Todos os direitos reservados. Proibida a reprodução,
no todo ou em parte, sem autorização prévia por escrito da editora,
sejam quais forem os meios empregados.

Direitos exclusivos de publicação em língua portuguesa para o Brasil adquiridos pela
Editora Best Seller Ltda.
Rua Argentina, 171, parte, São Cristóvão
Rio de Janeiro, RJ — 20921-380
que se reserva a propriedade literária desta tradução

Impresso no Brasil

ISBN 978-65-5712-134-4

Seja um leitor preferencial Record.
Cadastre-se no site www.record.com.br e receba informações
sobre nossos lançamentos e nossas promoções.
Atendimento e venda direta ao leitor:
sac@record.com.br

Sumário

PREFÁCIO • 7

PASSO 1 • 9
Desenvolver uma boa autoimagem

PASSO 2 • 33
Definir e alcançar metas possíveis

PASSO 3 • 55
Tratar bem os outros

PASSO 4 • 79
Ter uma boa conversa

PASSO 5 • 107
Falar em público com confiança e convicção

PASSO 6 • 131
Administrar bons relacionamentos

Passo 7 • 159
Superar a preocupação e o medo

Passo 8 • 179
Tornar-se um verdadeiro líder

Passo 9 • 205
Ajudar os outros a ser bem-sucedidos

Passo 10 • 233
Viver uma vida harmoniosa

Apêndice A • 265
Sobre a Dale Carnegie & Associates, Inc.

Apêndice B • 267
Princípios de Dale Carnegie

Prefácio

Algumas pessoas desfrutam de uma vida plena e rica. Elas são magnéticas, serenas, brilhantes, alegres e atraentes, e não precisam forçar nem solicitar sua entrada em qualquer lugar. A porta está escancarada e elas são convidadas a entrar. A presença delas é agradável e reconfortante. Elas sabem persuadir com poucas palavras. São populares em seus grupos sociais e comunitários, e avançam rapidamente em seu emprego e carreira.

É difícil escapar do charme de uma personalidade graciosa ou desprezar a pessoa que o possui. Há algo nela que nos atrai, e não importa se estamos ocupados ou preocupados, ou se não queremos ser interrompidos, queremos interagir com essa pessoa.

Homens e mulheres são ímãs humanos. Assim como um ímã de aço puxa de uma pilha de coisas apenas aquilo com que tem afinidade, nós também estamos constantemente nos atraindo e estabelecendo relações com coisas e pessoas que respondem aos nossos pensamentos e ideais.

O ambiente em que vivemos, nossos parceiros e nossa condição geral são o resultado de nossa atração mental. Essas coisas chegam até nós no plano físico quando focamos nelas, quando nos relacionamos com elas mentalmente. São nossas afinidades, e permanecerão conosco enquanto a compatibilidade com elas continuar existindo em nossa mente.

Viver ou não uma vida verdadeiramente satisfatória dependerá, em grande medida, da qualidade da impressão que causarmos nos outros. Isso é importante para desenvolver uma personalidade magnética e vigorosa.

Você não gostaria de ser assim? É possível. Esses traços não são necessariamente inatos, qualquer um que realmente deseje desenvolver uma personalidade calorosa, extrovertida e acolhedora conseguirá se dominar as técnicas que contribuem para isso.

Não é algo muito difícil. Todos podem ser agradáveis e cultivar o caráter que os farão se sentir poderosos.

Dale Carnegie e seus sucessores nos mostraram o caminho em cursos e escritos. Neste livro, sintetizamos esses princípios em dez passos que guiarão você, leitor, a uma vida mais plena. Eles estão listados após este prefácio.

Para aproveitar ao máximo este livro, leia tudo primeiro para absorver os conceitos gerais. Em seguida, releia cada capítulo e comece a aplicar as diretrizes a fim de alcançar os objetivos de cada área mencionada. Isso o colocará no caminho que trouxe sucesso, felicidade e enriquecimento a milhões de homens e mulheres que estudaram e implementaram os ensinamentos de Dale Carnegie.

Passo 1

Desenvolver uma boa autoimagem

Embora as interações e os relacionamentos com os outros sejam fundamentais para uma vida plena, nossa maior prioridade deve ser manter um bom relacionamento com nós mesmos. Se não tivermos autoestima, não teremos chance de projetar a imagem de alguém que os outros vão querer conhecer e em quem poderão confiar. Criar uma boa autoimagem e transmiti-la ao mundo é a primeira regra para o sucesso e a felicidade.

Acredite em si! Tenha fé em suas habilidades! Sem uma confiança humilde, mas razoável, nos próprios poderes, você não conseguirá ser bem-sucedido e feliz.

Devemos nos amar

"Ame ao próximo como a ti mesmo." Esta e outras falas semelhantes foram proclamadas no Antigo e no Novo Testamento, e nos escritos e doutrinas da maioria das religiões e filosofias existentes.

No entanto, a maioria dos sermões e discussões sobre esse princípio foca nas três primeiras palavras, no modo como tratamos os outros, assumindo que o amor por nós é algo inerente.

Infelizmente, nem sempre é assim. Muitas pessoas não se amam. Elas estão descontentes com sua aparência, personalidade, capacidades e muitos, muitos outros aspectos de sua vida.

Para desfrutar de uma vida satisfatória e recompensadora, primeiro precisamos aprender a nos amar de verdade. Esse é o primeiro degrau da escada para uma vida melhor. Amar a nós mesmos não significa que devemos ser egocêntricos; é a base para construirmos a melhor maneira de nos relacionar com aqueles que fazem parte de nossa vida. Amor-próprio leva à autoconfiança, à autoestima e a ser visto positivamente pelos outros. O amor-próprio nos permite amar o próximo.

O antigo filósofo hebreu Hillel falou deste conceito sucintamente: "Se eu não for por mim, quem será? E se eu for só por mim, o que serei?"

Não seria poderoso se você se apaixonasse tão profundamente por si que faria qualquer coisa que o deixasse feliz? É exatamente essa a medida do amor que a vida tem por você e pelo desejo de que se cuide. Quanto mais profundamente você se amar, mais o universo afirmará seu valor. Assim, você poderá desfrutar de um caso de amor que lhe trará a mais rica realização, de dentro para fora.

— Alan Cohen, executivo norte-americano

Construindo a autoconfiança

Amar a si ajuda a desenvolver e manter a autoconfiança. Vejamos alguns de seus elementos:

Autoaceitação

A autoaceitação decorre da capacidade de nos aceitar como seres humanos, focando em nosso lado positivo, o que nos torna quem somos — os pontos fortes, as qualidades e as características positivas. Quando nosso foco está nessa área, tanto a confiança como a autoestima são influenciadas de forma positiva. É muito comum as pessoas focarem em suas fraquezas, mas fazer isso não é benéfico. Temos de ajudar a nós e aos outros a focar nas qualidades que possuímos.

Crie e grave em sua mente, de modo indelével, uma imagem de si já bem-sucedido. Agarre-se a essa

10 passos para uma vida de realização

imagem. Nunca permita que ela desapareça. Sua mente tentará desenvolvê-la. Não construa obstáculos em sua imaginação.

Autorrespeito

A chave para desenvolver o autorrespeito é focar nos sucessos e conquistas do passado e nos respeitar pelo bem que fizemos. É muito mais fácil focar nos fracassos que os outros adoram apontar. Mas nossa perspectiva muda e a confiança aumenta quando contemplamos nossos sucessos.

Faça esse valioso exercício e um Inventário de Sucesso: uma lista de sucessos e realizações que tivemos ao longo da vida. No começo, talvez seja difícil, mas, com persistência, podemos aumentá-la e construir nossa autoconfiança. Comece hoje. Pegue uma folha e anote coisas positivas e seus sucessos. Podem ser cartas de professores elogiando seus trabalhos escolares, comentários de chefes sobre contribuições que você tenha feito em seu trabalho, e-mails de clientes agradecendo por seus bons serviços, agradecimentos de ONGs que tenha ajudado e coisas assim. Registre também suas realizações e condutas das quais se orgulha. Quando estiver deprimido ou se sentir inadequado, leia o seu inventário e lembre-se de que já foi bem-sucedido, e pode voltar a ser.

Desenvolver uma boa autoimagem

Conversa interna positiva

Todo mundo mantém uma "conversa interna" — coisas que repetimos para nós sobre nós. Quando fazemos nosso Inventário de Sucesso, criamos uma conversa interna positiva apoiada em evidências, um argumento que se sustentaria mesmo sob escrutínio. Quanto mais forte e convincente forem, mais crível e poderosa será a mensagem. Essa conversa interna positiva é uma ferramenta para retomar o domínio da única coisa que controlamos de verdade: nosso pensamento.

Disposição para correr riscos

Também podemos construir nossa autoconfiança estando dispostos a arriscar. Podemos enxergar novas experiências como oportunidades para aprender, em vez de momentos para ganhar ou perder. Isso nos abre para novas possibilidades e pode aumentar nossa autoestima. Ficar inerte inibe o crescimento pessoal e reforça eventuais crenças de que uma nova possibilidade é uma oportunidade para o fracasso.

Certas pessoas não se arriscam. Elas sempre apostam no que é seguro. É provável que sejam sempre medíocres, medianas. Nunca serão bem-sucedidas de verdade. Ao não correr o risco, evitam a "agonia da derrota", mas nunca sentem "a emoção da vitória".

A tartaruga é uma fortaleza viva. Sua carapaça impermeável a protege de tudo. Mas, para se mexer, ela precisa colocar a cabeça e o pescoço para fora, expondo-se aos perigos do meio ambiente. Assim como a tartaruga, não podemos nos cercar de uma proteção perfeita se quisermos avançar. Temos que esticar o pescoço para prosseguir.

Correr riscos não significa agir sem medo. Pessoas razoáveis correm riscos razoáveis, mas, por definição, riscos podem não acabar em sucesso. Executivos bem-sucedidos se arriscam em todas as decisões que tomam, porém, maximizam suas chances de sucesso por meio de pesquisas e análises cuidadosas antes de tomá-las. E quando a decisão precisa ser tomada, eles devem estar dispostos a arriscar uma possível perda de dinheiro, tempo, energia e emoção. Sem o risco, não existe a possibilidade de ganhar. Ao arriscar, mesmo que o resultado não seja o desejado, mostramos aos outros e a nós que confiamos em nossas habilidades.

Sempre esperar o melhor

Não há hábito mais edificante do que manter a esperança, do que acreditar que as coisas vão dar certo, que seremos bem-sucedidos e felizes, independentemente do que aconteça.

Na construção de nossa autoconfiança, não há nada mais útil do que manter essa atitude otimista e cheia de esperança — a atitude de quem sempre busca e espera o melhor, o mais elevado, o mais feliz —, e nunca nos permitir cair no pessimismo e desânimo.

Desenvolver uma boa autoimagem

Devemos acreditar, do fundo do coração, que faremos aquilo que nascemos para fazer. Nunca devemos, nem por um instante, duvidar disso, e apenas abrigar "pensamentos bons" sobre o que estamos determinados a alcançar. Também devemos rejeitar todos os "pensamentos inimigos", todos os sentimentos que nos desencorajam, tudo o que possa sugerir fracasso ou infelicidade.

Independentemente do que estejamos tentando fazer ou ser, precisamos sempre assumir uma atitude expectante, esperançosa e otimista. Assim, estaremos no caminho de crescimento de todas as nossas faculdades e do aperfeiçoamento em geral.

Construindo a autoestima

A autoestima pode ser definida como sentir-se bem consigo mesmo. Pessoas com autoestima elevada acreditam que são mais propensas a ser bem-sucedidas do que a fracassar na maioria das coisas que fazem. Sabem que os outros as respeitam. Isso não significa ser otimista de maneira irrealista sobre tudo o que faz. Todos nós temos dias ruins e passamos por momentos em que tudo parece dar errado. Mas pessoas com autoestima elevada conseguem aceitar eventos desagradáveis e não se deixam sobrecarregar ou desanimar.

Em um estudo realizado pela Gallop Organization para a *Newsweek,* 89 por cento dos entrevistados disseram que a autoestima é importante para motivar uma pessoa a trabalhar mais e ser bem-sucedida. E 63 por cento disseram que o tempo e o esforço gastos no desenvolvimento da autoestima valem a pena, ao passo que apenas 34 por cento achavam que esse tempo e esforço poderiam ser mais bem gastos no trabalho.

Muitas pessoas têm baixa autoestima e uma opinião muito pobre sobre as próprias capacidades. Consideram-se fracassadas e, quando conquistam algo, acham que foi por acaso. Por que será?

Kevin era um jovem inteligente e de boa aparência, mas não se considerava nem uma coisa nem outra. Achava-se sem graça e acreditava que nunca conseguiria nada na vida. Apesar de suas notas altas na escola, não se inscreveu nas faculdades mais conceituadas porque não se achava bom o suficiente para ser aceito. Seu orientador quis descobrir por que ele tinha uma autoestima tão baixa. O pai de Kevin era um executivo dinâmico que exigia perfeição de seus filhos e nunca estava satisfeito com um desempenho menos que perfeito. Quando Kevin tirava nota 9, seu pai queria saber por que não havia sido 10. O pai dominava as conversas nos jantares em família e não aceitava que nenhum dos filhos discordasse de suas ideias. Como o pai nunca ficava satisfeito, com o tempo Kevin desenvolveu a sensação de ser uma pessoa inadequada.

Sarah sempre foi uma criança autoconfiante. Destacava-se na escola e demonstrava talento em arte e música. Mas, quando terminou a faculdade e entrou no mundo profissional, tentou uma série de empregos insatisfatórios, e foi infeliz e malsucedida em todos eles. Sua autoconfiança diminuiu e ela começou a achar que nunca teria sucesso na vida.

Steve foi um vendedor de sucesso durante muitos anos, mas, certa primavera, teve uma queda no desempenho. Nada do que ele fazia dava certo e não fechava mais nenhum negócio. Começou a achar que seu auge havia passado. *Perdi a mão*, pensava. *Nunca mais vou fechar uma venda.*

Kevin desenvolveu problemas psicológicos profundos e era muito provável que não recuperasse sua autoestima sem ajuda profissional. Por sugestão de seu orientador, começou a fazer psicoterapia, o que o ajudou a se enxergar imensamente capaz e a desenvolver uma ideia saudável sobre si.

Mas a maioria das pessoas com baixa autoestima não precisa de psicólogo. Elas podem se ajudar sozinhas. Sarah sabia que tinha capacidade para ser bem-sucedida. Percebeu que seus fracassos não se deviam à sua falta de capacidade, e sim, talvez, a escolhas erradas nos trabalhos que desempenhava. Pensou: *Fui bem na escola, em arte e música. Já fui bem-sucedida e posso ser novamente.*

Com essa atitude, ela reavaliou seus planos de carreira e passou a procurar empregos em áreas mais próximas de seus interesses. Isso resultou em um emprego no qual podia usar seus talentos e era profundamente valorizada por seu supervisor e colegas de trabalho.

O gerente de vendas de Steve estava preocupado com a queda no desempenho — não só pelo impacto nos negócios, mas também por Steve. Conversou muito com ele. "Steve", disse, "você não mudou, isso pode acontecer com qualquer um. Você tem o necessário, é um bom vendedor. Você consegue". Com o incentivo do chefe, Steve abordou o cliente seguinte com mais confiança e fez a venda. Esse foi o primeiro passo para reconstruir sua autoestima debilitada.

A autoestima é importante não só para o sucesso em nossos empreendimentos, mas também para o bem-estar geral. Pessoas com autoestima elevada são mais felizes e, muitas vezes, mais saudáveis. Precisamos manter a moral alta, não deixar que os fracassos nos derrubem. Sofreremos fracassos e decepções na vida, mas, ao focar nos sucessos, nos bons tempos, nossa autoestima permanecerá alta e nos ajudará a superar as crises temporárias.

Enquanto se preocupar com o que os outros acham de você, eles o dominarão. Somente quando não precisar de aprovação de fora você poderá ser dono de si.

— NEALE DONALD WALSCH, ESCRITOR NORTE-AMERICANO

Se não tivermos confiança em nossas habilidades e fé em nossa determinação de ser bem-sucedidos, nunca começaremos a trilhar o caminho que leva à realização de nossos objetivos. Temos de almejar grandes coisas de nós mesmos. Isso traz à tona o melhor que há em nós. Como diz o velho ditado: "A vitória nas batalhas da vida nem sempre vai para o homem mais forte ou mais rápido; mas, cedo ou tarde, quem ganha é aquele que ACREDITA que pode."

Pessoas sem autoconfiança dão muita importância ao que os outros pensam para determinar como se sentem em relação a si. Evitam correr riscos devido ao medo do fracasso e geralmente não esperam ser bem-sucedidas. Geralmente se rebaixam, desprezam o feedback positivo e acreditam em suposições prejudiciais que perpetuam padrões de pensa-

Desenvolver uma boa autoimagem

mento autodestrutivos e uma atitude negativa. Vejamos alguns padrões de pensamento autodestrutivos:

- Pensamento extremista: uma frustração pode nos levar a achar que somos "um fracasso total quando nosso desempenho não é perfeito";
- Desastre iminente: é quando acreditamos que o desastre espreita em cada esquina e já é esperado. Por exemplo, um único detalhe negativo, uma pequena crítica ou um comentário passageiro obscurece toda a realidade. "Aquela apresentação que fiz foi ruim e agora nunca serei promovido";
- Ampliação do negativo: o bom desempenho não conta tanto quanto o mau. "Sei que bati o recorde de vendas no último trimestre, mas foi apenas sorte. Agora sou de novo eu mesmo. Mal vou bater a meta este trimestre";
- Ênfase excessiva no "deveria". O "deveria" têm o objetivo de nos levar aos resultados "perfeitos", quando seguido por um processo de pensamento realista que estabeleça o que precisamos fazer para chegar onde "deveríamos estar". Muitas vezes, olhamos somente para onde estamos e ficamos paralisados de medo quando vemos que não estamos perto de onde deveríamos estar. Em vez disso, esse é o momento para parar, planejar as etapas de ação e começar a implementar o nosso plano.

Há momentos em que todo mundo duvida das próprias habilidades e realizações, e descobre que sua autoconfiança está despencando. Para piorar as coisas, enfatizamos e focamos no que supomos que os outros pensam de nós para determinar o que achamos de nossa capacidade e de nós mesmos. Essa mentalidade nos faz evitar riscos devido ao medo do fracasso. E isso pode nos desanimar, não acreditar no feedback positivo e aceitar suposições prejudiciais que perpetuam padrões de pensamento autodestrutivos e uma atitude negativa.

Nunca se esqueça de que a autoconfiança é parte integrante da autoestima. Antes de confiar nas decisões que tomamos, temos de acreditar em nós. Devemos realmente sentir que somos alguém de valor. Se não tivermos uma boa autoestima, como poderemos *acreditar* que nossas decisões são certas?

> *Nenhum homem que não domine a si é livre.*
>
> — Epicteto, filósofo grego

Somos quem nós — e não os outros — pensamos que somos

Muitas vezes, ficamos mais preocupados com o que os outros pensam de nós do que com o que pensamos. William Becker, um clérigo e escritor de meados do século XX, advertia seus leitores: "Não importa o que as pessoas pensem de você. Elas podem superestimá-lo ou subestimá-lo! Enquanto não descobrirem seu verdadeiro valor, seu sucesso dependerá principalmente do que você pensa e acredita de si. Você poderá ser bem-sucedido, mesmo que ninguém mais acredite nisso, mas nunca o será se não acreditar em si."

Desenvolver uma boa autoimagem

> *Quanto mais você é fiel a si, menos é como qualquer outra pessoa, e isso o torna único.*
>
> — WALT DISNEY

A autoimagem que projetamos

É por meio de nossa autoimagem que nos expressamos ao mundo exterior. Algumas pessoas têm uma ideia forte e positiva acerca de quem são e a transmitem aos outros. Algo na personalidade delas escapa ao fotógrafo, o pintor não consegue reproduzir e o escultor não pode esculpir. Essa sutileza, que todos sentem, mas que ninguém pode descrever, que nenhum biógrafo jamais colocou em um livro, tem muito a ver com o sucesso dessas pessoas na vida.

Certas personalidades são maiores do que a mera beleza física e mais poderosas do que imaginam. As pessoas que possuem esse poder magnético inconscientemente impressionam a todos com quem entram em contato. Quando ficamos na presença de pessoas assim, temos uma sensação de evolução. Nossos horizontes se ampliam. Sentimos um novo poder se agitando por dentro. Não seria ótimo se outros reagissem a nós dessa maneira?

A primeira impressão que passamos

Quando uma pessoa nos conhece, leva apenas trinta segundos para formar uma lista completa de impressões, crenças ou suposições sobre quem somos. E essas impressões são muito mais significativas do que o valor de nossas roupas ou se a cor de nosso cabelo é natural ou não. Elas abrangem tudo, desde nosso nível de escolaridade até nossa situação financeira; desde nosso sucesso profissional até coisas mais subjetivas, como honestidade e integridade. Todas essas crenças se formam, quase inconscientemente, nos primeiros trinta segundos. Algumas pessoas nos definem nesse meio minuto de contato.

O velho ditado "Não julgue um livro pela capa" faz sentido, mas, infelizmente, a maioria das pessoas o faz, e julga os outros por sua aparência e comportamento.

Se ficar uma impressão negativa ou indesejável desse primeiro contato, ela permeará todas as relações com essa pessoa nos próximos anos. É preciso um pouco de reflexão e esforço para entender a base do poder de causar boas impressões, mas vale a pena o esforço. Entenda que projetaremos uma imagem muito melhor quando nossas ideias sobre nós mesmos forem positivas e amorosas.

> *Como ter carisma? Preocupe-se em fazer os outros se sentirem bem consigo mesmos, não em fazê-los gostarem de você.*
>
> — DAN REILAND, CLÉRIGO NORTE-AMERICANO

Desenvolver uma ótima imagem é possível

Quando Robert conheceu Lisa, sua nova chefe, ficou impressionado com a personalidade agradável dela. A maneira como

Desenvolver uma boa autoimagem

ela se projetava o fez confiar nela, admirá-la e se sentir à vontade ao seu lado. Ele pensou: *Essa mulher tem carisma. Queria ser como ela.*

Talvez pensemos que pessoas como Lisa nasceram assim. Sim, algumas facetas de nossa personalidade são inatas — aparência física, inteligência básica e alguns talentos —, mas cada um de nós tem a capacidade de aproveitar ao máximo nossos traços inatos e desenvolvê-los para nos propiciar esse tipo de personalidade que os outros admiram.

O mais importante é lembrar que uma imagem agradável e acolhedora pode ser *desenvolvida*. Não é fácil nos tornar a pessoa carismática que queremos ser, mas o processo começa com um forte desejo e compromisso de desenvolver um comportamento extrovertido, alegre, otimista e positivo — uma imagem que conquistará a aprovação de homens e mulheres com quem nos relacionamos. Se realmente nos amarmos e tivermos um forte desejo e compromisso de fazê-lo, poderemos desenvolver esse magnetismo.

Nossa aparência física

Quando as pessoas nos conhecem, o primeiro fator que colabora com a impressão que formam de nós é nossa aparência. A aparência desempenha um papel importante na maneira como somos percebidos. Pode nos servir para abrir portas... ou fechá-las. Todo vendedor conhece a frustração de não conseguir chegar a um cliente em potencial porque não consegue passar pelo "porteiro" — recepcionista, secretária ou subordinado que filtra as ligações indesejadas. Em certo sentido, a primeira impressão que uma pessoa tem de nós é o guardião mais poderoso. Muitas vezes, determina se essa pessoa vai nos deixar entrar, figurativa ou literalmente.

Alguns fatores que podem impressionar os outros positiva ou negativamente estão além de nosso controle. Não podemos mudar nossa aparência física básica, mas podemos aproveitar ao máximo nossos pontos positivos e minimizar aquilo que possa ser percebido como defeito. Não é preciso a aparência de uma estrela de cinema para causar uma impressão positiva.

A maior parte das pistas de nossa imagem externa é transmitida visualmente. Pesquisas revelam que os impulsos visuais são transmitidos diretamente para o centro emocional do cérebro, ignorando os caminhos normais e formando respostas quase que instantâneas.

Uma boa higiene, roupas adequadas, um sorriso agradável e boas maneiras são os primeiros passos para causar uma boa impressão pessoal. Podemos maximizar nossas chances de sucesso vestindo-nos de uma maneira que transmita mensagens positivas sobre nossas habilidades e sobre nós. Hoje, com a adoção generalizada de roupas casuais para trabalhar, não há uma maneira correta de se vestir profissionalmente. Temos de pesquisar para saber o que é apropriado em nosso ramo, região e cultura.

Aparência e personalidade são apenas o primeiro passo para criar e manter a imagem que os outros

Desenvolver uma boa autoimagem

têm de nós. *Devemos desenvolver essa imagem nos tornando genuinamente interessados nos outros.*

— Dale Carnegie

Atitude positiva

Nossa atitude é importante em todas as áreas nas quais projetamos nossa imagem, mas em lugar algum é mais crítica que em relação a nós mesmos. Esta frase de Eleanor Roosevelt é frequentemente citada: "Ninguém pode fazer você se sentir inferior sem sua permissão."

A maioria das pessoas — mesmo as aparentemente mais bem-sucedidas — carrega uma mala na mente cheia de mensagens negativas sobre si. Essas mensagens podem ter provindo de pais, professores, chefes, colegas ou até mesmo da própria imaginação, mas temos a capacidade de recolori-las e escolher conscientemente as crenças positivas.

Uma atitude positiva em relação aos outros melhorará muito a imagem que projetamos. Se acreditarmos, do fundo do coração, que o mundo está cheio de amigos, vestiremos essa crença como uma roupa sob medida, e isso transmitirá às pessoas que, de fato, somos alguém de quem elas querem ser amigas. Se não encararmos cada dia como uma bênção a ser desfrutada e saboreada, teremos uma vida infeliz e provavelmente improdutiva.

Algumas pessoas passam anos abrigando um ódio amargo ou muita inveja dos outros. Mesmo que não estejam cientes disso, essa atitude mental não lhes permite atingir os níveis mais altos de suas habilidades e destrói sua felicidade. E não só isso, elas irradiam sua atmosfera destrutiva, provocando preconceitos dos outros em relação a si, despertando antagonismo e constantemente se prejudicando por isso.

Não poderemos fazer nosso melhor enquanto abrigarmos pensamentos vingativos ou hostis em relação aos outros. Nossas faculdades só entregam seu melhor quando trabalham em perfeita harmonia. Deve haver boa vontade no coração, caso contrário, não poderemos fazer um trabalho digno com ele e nem com as mãos. Ter atitudes respeitosas e ser empático nos conduz a uma vida de paz e equanimidade. Isso minimiza a discórdia e nos ajuda a manter relações harmoniosas com os outros.

Não podemos abrigar ódios secretos, rancor, inveja e sentimentos de vingança sem prejudicar seriamente nossa reputação. Muitas pessoas se perguntam por que não são populares, por que são detestadas, por que representam tão pouco em sua comunidade. Isso se deve a seus sentimentos amargos, vingativos e discordantes, que matam o magnetismo pessoal.

Por outro lado, se mantivermos pensamentos bondosos, amorosos e prestativos, se formos amigáveis com todos e não carregarmos amargura, ódio ou inveja no coração, criaremos uma imagem atraente, feliz e radiante.

Homens e mulheres que foram bem-sucedidos na vida sempre foram alegres e esperançosos, trabalharam com um sorriso no rosto e aceitaram as mudanças e os riscos desta vida mortal, enfrentando as facilidades e dificuldades da mesma forma.

Desenvolver uma boa autoimagem

Podemos tornar nossa situação mais fácil, ganhar promoções e um salário maior, fazer mais vendas, ser um gerente ou profissional mais eficaz se formos alegres e radiantes e, ao mesmo tempo, viver momentos agradáveis e felizes.

Você gosta de se relacionar com pessoas mal-humoradas, deprimidas e infelizes, ou com pessoas felizes e radiantes? Seus sentimentos e atitudes são contagiosos como o sarampo. Portanto, irradie o que você quer que os outros tenham.

— DALE CARNEGIE

Sorrisos

Pessoas carismáticas sabem como e quando sorrir. Um sorriso é um sinal de amizade. É o equivalente humano a um cachorro abanando o rabo. Lógico que não podemos nem devemos sorrir o tempo todo. Um sorriso não é algo que colocamos no rosto mecanicamente como um chapéu na cabeça. Um sorriso verdadeiro é a expressão externa de uma condição interna. É possível ser gracioso e encantador sem sorrir. Há situações em que um sorriso é inadequado — e, sem dúvida, ninguém deve sorrir constantemente.

O sorriso deve nascer no coração. Ele abre caminho e se mostra em nossos olhos, voz e ações. Aja alegremente e se sentirá alegre. Não podemos fingir um sorriso. Um sorriso falso mostra exatamente o que é: falso.

10 passos para uma vida de realização

Dale Carnegie oferece algumas sugestões sobre a arte de sorrir. Ele observou que devemos começar tendo a atitude mental correta em relação ao mundo e às pessoas. Sem isso, não teremos muito sucesso. Mas até sorrir superficialmente ajudará, pois criará felicidade nos outros e funcionará como um bumerangue para nós. Gerar uma sensação agradável no outro vai nos fazer sentir mais agradáveis, e logo esse sorriso deixará de ser superficial.

Além disso, quando sorrimos, sufocamos sentimentos desagradáveis ou artificiais que eventualmente abriguemos dentro de nós. Experimente criar o hábito de sorrir; é uma maneira maravilhosamente simples de se sentir bem por dentro e de dizer ao mundo que somos uma pessoa legal de se ter por perto.

> *Façamos uma observação, que nos encontremos com um sorriso quando for difícil sorrir.*
>
> — Madre Teresa

Transmitir uma imagem de entusiasmo

Pessoas carismáticas são entusiasmadas com a vida, com o trabalho, com o relacionamento e com os objetivos que têm. A palavra "entusiasmo" provém de duas palavras gregas que significam "o Deus interior". O entusiasmo vem de dentro de nós e não pode ser fingido. Fingir estar entusiasmado com gestos artificiais, sorrisos falsos e comentários exagerados é

Desenvolver uma boa autoimagem

facilmente detectado. Se acreditarmos que o que fazemos vale a pena, é significativo, empolgante e alcançável, manifestaremos isso em nosso comportamento e ações.

Pessoas entusiasmadas consigo mesmas e com suas ações realizam seu trabalho com garantia de sucesso. Funcionários que cumprem suas tarefas com energia, determinação e entusiasmo passam confiança ao empregador, mostram que o que empreenderem não apenas será feito, como também será de qualidade. O mundo sempre abriu caminho para o entusiasmo. Ele multiplica nosso poder e eleva ao máximo nossas habilidades.

O entusiasmo é um grande gerador de negócios. É tão contagioso que antes de nos dar conta estaremos infectados, mesmo que tentemos nos posicionar contra ele. Se um vendedor se dedicar de verdade ao seu trabalho, seu entusiasmo muitas vezes fará com que um possível cliente esqueça que ele está tentando fazer uma venda.

É importante assumir o papel que desejamos exercer e desempenhá-lo com entusiasmo. Se temos a ambição de fazer grandes coisas, devemos ser entusiasmados e assumir o papel que isso demanda.

Às vezes, nosso trabalho não é excitante nem interessante. Às vezes é maçante, chato e cansativo. Temos que procurar algo nele que possa gerar entusiasmo. Podemos tentar melhorá-lo ou fazê-lo mais rápido, ou definir metas quantitativas ou qualitativas e nos esforçar para alcançá-las. Se não encontrar maneiras de criar entusiasmo em seu trabalho, procure outra atividade em sua comunidade, família, igreja, grupo político ou social e dedique-se a ela.

10 passos para uma vida de realização

Há algo nas pessoas entusiasmadas que acreditam que vão vencer. Há algo em sua aparência que vence metade da batalha antes mesmo de que seja desferido um golpe.

O entusiasmo permeia a todos e transmite a certeza de que podemos fazer o que tentamos. Com o passar do tempo, somos reforçados não apenas pelo poder de nosso entusiasmo, mas também pelo de todos que nos conhecem. Nossos amigos e conhecidos afirmam e reafirmam nossa capacidade de ser bem-sucedidos e tornam cada triunfo sucessivo mais fácil de realizar do que o anterior. Nosso autocontrole, confiança e capacidade aumentam em proporção direta ao nosso número de realizações. A intensidade de nosso entusiasmo em fazer as coisas está, definitivamente, relacionada ao grau de empreendimento.

Além disso, o entusiasmo é a dinâmica de nossa personalidade. Sem ele, nossas habilidades permanecem adormecidas; e podemos afirmar que todos nós temos mais poder latente do que aprendemos a usar. Podemos ter conhecimento, bom senso, facilidade de raciocínio, mas ninguém — nem nós mesmos — saberá disso enquanto não descobrirmos como nos dedicar em pensamento e ação. Com um comportamento entusiasmado, projetamos uma imagem de confiança e competência.

Quando estamos entusiasmados com algo que fazemos, a excitação, a alegria e a satisfação permeiam toda a atividade. Nem sempre é fácil ficar empolgado com certas coisas que temos que fazer no dia a dia, mas com esforço é possível.

Ele é o ingrediente secreto do sucesso das pessoas mais bem-sucedidas, bem como o gerador de felicidade na vida de quem o possui.

Desenvolver uma boa autoimagem

> *O que se passa na mente é o que determina o resultado. Quando um indivíduo é realmente entusiasmado, podemos ver isso no brilho de seus olhos, em sua personalidade alerta e vibrante. Podemos ver isso na verve de todo seu ser. O entusiasmo faz diferença em sua atitude em relação a outras pessoas e na atitude de outras pessoas em relação a você. É a grande diferença entre ser apenas uma pessoa mediana e uma pessoa carismática.*
>
> — NORMAN VINCENT PEALE

Resumo

- Para viver uma vida satisfatória e recompensadora temos de aprender a amar verdadeiramente a nós. Esse é o primeiro degrau na escada para uma vida melhor. O amor-próprio leva à autoconfiança, à autoestima e à maneira como os outros nos veem;
  - Definimos autoestima como "sentir-se bem consigo mesmo";
  - Pessoas com autoestima elevada acreditam que são mais propensas a ser bem-sucedidas na maioria das vezes;
  - Sofreremos fracassos e decepções na vida, mas, ao focar em nossos sucessos, e não nos fracassos, nossa autoestima permanecerá alta e nos ajudará a superar as crises temporárias.
- Muitas vezes estamos mais preocupados com o que os outros pensam de nós do que com o que pensamos.

Os outros podem nos superestimar ou subestimar. Nosso sucesso depende, principalmente, do que pensamos de nós. Podemos ser bem-sucedidos mesmo que ninguém mais acredite, mas nunca o seremos se não acreditarmos nisso;
  ○ É possível *desenvolver* uma imagem agradável e acolhedora. Embora alguns aspectos que compõem nossa imagem sejam inatos — aparência física, inteligência básica e alguns talentos —, cada um de nós tem a capacidade de aproveitar ao máximo suas características inatas e desenvolvê-las para passar o tipo de imagem que os outros vão admirar.
• Traços de personalidade *podem* ser adquiridos. As pessoas não são criadas iguais. Temos de reconhecer que não temos inteligência, força física ou níveis de energia iguais, mas, com esforço, podemos nos tornar carismáticos. Podemos escolher e trabalhar para desenvolver os traços de personalidade que desejamos adquirir. A chave é a dedicação;
• Pessoas entusiasmadas consigo mesmas e com suas ações realizam seu trabalho com garantia de sucesso. O mundo sempre abriu caminho para o entusiasmo, que multiplica nosso poder e eleva ao máximo nossas habilidades.

PASSO 2

Definir e alcançar metas possíveis

Todas as pessoas bem-sucedidas começam com um objetivo. Estabelecer metas e trabalhar para alcançá-las é um passo importante no longo caminho para o sucesso. Sabendo aonde vamos e como pretendemos chegar lá, poderemos concentrar tempo, energia e emoções, e começar sem desviar do caminho certo.

Um navio cujo leme se quebrou pode ficar navegando eternamente, seguir a todo vapor sem parar, mas nunca chegará a lugar algum. Nunca chegará a um porto, a não ser por mero acaso, e, se encontrar um refúgio, sua carga pode não ser adequada ao clima ou às condições. Um navio deve se dirigir a um porto definido, para o qual a sua carga está adaptada — e onde há demanda por ela — e apontar firmemente para esse porto sob sol e chuva, tempestade ou nevoeiro. Da mesma maneira, uma pessoa que deseja ser bem-sucedida não deve vagar sem leme no oceano da vida. Ela deve não apenas seguir direto para o porto destinado quando o oceano estiver calmo, quando as correntes e os ventos forem favoráveis, mas também manter o curso diante das garras do vento e da tempestade, mesmo envolto em névoas de decepção e de oposição.

Comece com um sonho

Começamos com um sonho, uma visão do futuro. No sonho somos ricos, felizes e até famosos, talvez. A maioria das pessoas sonha com esse futuro, mas, para grande parte delas, isso nunca passará de um sonho.

Pessoas bem-sucedidas também tiveram sonhos assim, mas os transformaram em objetivos e, por sua vez, em realidade. Seus sonhos não eram vagas esperanças de sucesso, e sim realizações específicas e almejadas. Edison sonhava com um mundo iluminado à noite pela energia elétrica. Beethoven sonhava com uma música que elevasse o espírito. Bill Gates sonhava com um software que permitisse a todos, não apenas às grandes empresas, utilizar o poder dos computadores. Grandes atores, artistas, músicos, escritores, contadores (sim, contadores!) sonharam não apenas com a fama, mas com a maneira como utilizariam seus talentos para alcançar o sucesso.

Sonhar não é só para os gênios. Todas as pessoas bem-sucedidas relatam que seu sucesso começou com uma esperança, um sonho, que levou a uma meta, que por sua vez levou

Definir e alcançar metas possíveis

a um plano de ação e, inevitavelmente, ao cumprimento da meta.

Sonhar não é só para os jovens. Nunca é tarde para ter um novo sonho que nos leve a novos objetivos, que, por sua vez, nos levem a novos sucessos. É surpreendente o que conseguiram pessoas que tiveram sonhos no final da vida. Benjamin Franklin tinha mais de 50 anos quando começou a estudar ciência e filosofia. Milton, em sua cegueira, havia passado dos 50 quando se dedicou a concluir seu poema épico, "Paraíso perdido".

Sonhar não sofre a limitação de preconceitos e vieses de época. Durante incontáveis anos, as mulheres foram impossibilitadas de imaginar o que poderiam realizar. Seus objetivos profissionais eram limitados aos considerados "empregos femininos". Era preciso determinação e coragem para sequer pensar em outras opções. Um exemplo é Elaine Pagels, professora de Princeton e autora de best-sellers sobre gnosticismo e cristianismo primitivo. Ela conta que foi educada em uma época em que as meninas aprendiam a sequer considerar carreiras sérias. Mas se sentiu livre para perseguir o que amava; e só mais tarde descobriu que poderia ganhar a vida desse jeito. Seu sonho se tornou seu objetivo.

Se quer viver uma vida feliz, vincule-a a um objetivo, não a pessoas ou coisas.

— ALBERT EINSTEIN

No século XIX, Frederick Douglass, nascido como pessoa escravizada, não deixou que sua raça ou condição de servidão o impedisse de aprender a ler, e acabou se tornando líder de seu povo. No século XXI, Barack Obama quebrou a barreira racial e se tornou o primeiro presidente afro-americano dos Estados Unidos.

Hoje, muitas dessas barreiras desapareceram na maioria das áreas profissionais. Por exemplo, em muitas faculdades de direito, medicina e outras profissões dos Estados Unidos, metade ou a maioria dos alunos são mulheres. É ilegal que um empregador discrimine alguém por sua raça, gênero ou fé.

Quando a questão é realizar nossos sonhos, até o cérebro é menos importante do que a vontade. Somente pessoas com uma vontade de ferro e a determinação de que nada as impedirá têm certeza de que, com perseverança e coragem, alcançarão o sucesso. Sonhos se tornam metas e metas se tornam conquistas para aqueles que se esforçam com afinco.

Convertendo sonhos em objetivos

Infelizmente, muitos sonhadores param por aí — nos sonhos. Sonhos continuam sendo sonhos. Quando transformamos sonhos em objetivos, eles deixam de ser fantasias e passam a ser metas que podemos pôr diante de nós como um roteiro para o sucesso. Devemos dar aos nossos sonhos um propósito, a determinação de que faremos tudo que pudermos para torná-los realidade.

Rachel Roy é uma designer de moda que teve um sonho e o transformou em um objetivo de sucesso. Seu amor pela

Definir e alcançar metas possíveis

moda advém dos filmes que via quando criança. As roupas usadas pelas mulheres na tela pareciam lhes dar uma aura de confiança e sucesso. Rachel sonhou que poderia criar aquela mesma aura, um visual sofisticado para si e para outras mulheres que criaria uma autoestima positiva.

Ela e sua família faziam as compras escolares uma vez por ano. Ela se incomodava com a falta de opções de roupas interessantes em uma loja local e sabia que, se tivesse a oportunidade, poderia criar peças mais estilosas. Sua mãe lhe disse que esse era o trabalho do comprador da loja. Então, ela pôde dar um nome a seu sonho: compradora. Naquele momento, conta ela, seu sonho se tornou seu objetivo: ser compradora na área da moda.

Seu primeiro emprego foi como balconista. Logo ela passou a subgerente e depois a *personal shopper* e estilista em várias lojas. Começou a fazer design de moda e estava a caminho de um cargo sênior na empresa.

Quando seu marido, Damon Dash, quis criar uma linha de roupas independente, Roy precisou tomar uma decisão: continuar sua carreira de sucesso ou recomeçar com Dash. Ela escolheu começar de novo, jogando-se de cabeça no trabalho, exercendo todas as funções, contribuindo com tudo e se envolvendo no maior número possível de aspectos do negócio. Ela queria ser insubstituível. Após cerca de seis anos, Rachel estava confiante de que poderia administrar um negócio e abriu a própria empresa. Seus designs foram aclamados pelo setor, e hoje, ela é considerada uma das principais estilistas da indústria da moda.

Há uma distância significativa entre os que desejam e os que fazem. Rachel Roy era mais que uma sonhadora. Ela transformou seu sonho em um objetivo e trabalhou duro para alcançá-lo.

Se acreditarmos, alcançaremos

O hábito de esperar que o futuro esteja cheio de coisas boas para nós, que seremos prósperos e felizes, que teremos uma bela família, uma boa casa, uma carreira de sucesso, e que representaremos alguma coisa é o melhor tipo de capital para começar nossa vida.

Aquilo que mais tentamos expressar é o que tendemos a alcançar, mesmo que não pareça provável nem possível. Se sempre expressarmos o ideal, o visualizarmos o mais vividamente possível e tentarmos com todas as nossas forças torná-lo realidade, será mais provável que isso aconteça — seja esse ideal ter boa saúde, um caráter nobre ou uma carreira maravilhosa. Só quando o desejo se cristaliza em resolução é que ele é eficaz. É o desejo unido à vigorosa determinação de realizá-lo que produz o poder criativo. É o anseio, o desejo e o esforço que produzem resultados.

Para melhorarmos em qualquer aspecto, é necessário visualizar a qualidade da forma mais vívida e tenaz possível, e manter e ambicionar um ideal superior. Temos de manter isso persistentemente na cabeça até sentir sua elevação e realização. Nascemos para vencer, conquistar e ter uma vida de sucesso. Devemos ser bem-sucedidos no trabalho que escolhemos, em nossos relacionamentos e em todas as outras fases de nossa vida. A prosperidade começa na mente. Portanto, se a atitude mental for hostil, ser próspero é uma impossibilidade. É fatal trabalhar por uma coisa e esperar outra, porque devemos começar criando tudo e depois seguir nosso padrão mental. Não podemos nos tornar prósperos se esperamos continuar pobres. Tendemos a obter o que esperamos, e esperar por nada é receber nada.

Se cada passo que damos está no caminho do fracasso, como podemos esperar chegar ao sucesso? Se estivermos na contramão, com uma visão sombria, deprimente, sem esperança, poderemos trabalhar quanto quisermos, mas nossos esforços serão em vão.

Os pensamentos são ímãs que atraem coisas similares. Se nossa mente focar na pobreza e na doença, atrairá pobreza e doença. Não existe a possibilidade de produzir o oposto do que cultivamos em nossa mente, porque nossa atitude mental é o padrão que é construído em nossa vida. Nossas realizações são alcançadas mentalmente primeiro.

O terror do fracasso, o medo da perda financeira e da possível humilhação impede que multidões de pessoas obtenham o que desejam. Esses três fatores minam sua vitalidade e a incapacitam, por causa da preocupação e da ansiedade, para o trabalho eficaz e criativo necessário que o conduzirá ao sucesso.

O hábito de olhar tudo de forma construtiva, pelo lado positivo e esperançoso, pelo lado da fé e da certeza, e não da dúvida; o hábito de acreditar que o melhor vai acontecer, que o certo deve triunfar; a fé de que a verdade está destinada a vencer o erro, que a harmonia e a saúde são a realidade, e a discórdia e a doença, ausências temporárias — essas são as atitudes do otimista, que acabará reformando o mundo.

Autoavaliação para o sucesso

Não podemos depender de que outras pessoas nos coloquem no caminho do sucesso. Isso deve ser nossa responsabilidade. Antes de poder determinar quais objetivos podem nos levar a iniciar essa jornada, precisamos nos autoavaliar. Devemos investigar nossa mente e extrair dela o que realmente queremos da vida e quais recursos nos levarão a alcançar esse objetivo.

Temos que ser realistas. Podemos estabelecer uma meta que pareça desejável, mas talvez não tenhamos as habilidades necessárias para alcançá-la. Podemos sonhar em ser uma estrela de cinema ou uma cantora de ópera, mas não ter o talento para tal. A carreira dos nossos sonhos pode estar em áreas que não são viáveis para nós. Por outro lado, podemos ter aptidões e habilidades que não percebemos e que podem nos levar a uma carreira satisfatória e lucrativa. Mas como descobrimos isso? Investigando a nós mesmos. Uma cuidadosa introspecção trará isso à tona. A maioria dos adultos já sabe o que pode ou não fazer, do que gosta ou não. Talvez não seja óbvio, mas a introspecção nos permite revelar nossas melhores tendências e habilidades.

Definir e alcançar metas possíveis

O que devemos fazer é revisar sistematicamente nossa formação, experiência anterior, hobbies e interesses. Procurar aspectos de nossa vida nos quais fomos bem-sucedidos e obtivemos satisfação e alegria. Esses são indicadores das áreas em que teremos sucesso. Mas isso é só o começo. Temos de olhar além do que *realizamos* e pensar no que *podemos realizar*. As pessoas bem-sucedidas aprendem, desde o início de suas carreiras, a que recursos podem recorrer. Devemos fazer um inventário de todos os nossos possíveis recursos, e não olhar só para o que realizamos até agora, e sim para o que sabemos que poderemos realizar. A maioria dos jovens começa a carreira com pouco conhecimento de suas habilidades e geralmente as descobre aos poucos, com o tempo.

Muitas pessoas nunca descobrem mais que uma pequena porcentagem de suas capacidades e raramente alcançam cargos mais bem pagos e de alto nível. Arrastam-se na mediocridade, mas têm recursos — se pudessem detectá-los — que os levariam a posições superiores. Essas pessoas não estão no tipo certo de ambiente estimulante e cheio de ambição, ou não têm contato com as ideias ou mentores necessários para acender o gigantesco poder de suas forças ocultas.

Unidade de propósito

Pessoas bem-sucedidas acreditam que precisam estar totalmente comprometidas com seus objetivos. Uma resolução sem reservas, um propósito forte, persistente e tenaz, que queima todas as pontes atrás de si, que arranca todos os obstáculos de seu caminho e chega ao objetivo, independentemente de quanto tempo demore ou qual seja o sacrifício ou o custo, é algo muito poderoso.

Para ser bem-sucedido, temos de concentrar todas as faculdades de nossa mente em um objetivo inabalável e ter a tenacidade de propósito que leva à derrota ou à vitória. Qualquer outro interesse que nos tente deve ser suprimido.

Devemos plantar em nossa mente as sementes que nos permitirão aceitar e implementar nosso objetivo. Para nutrir essas sementes, devemos escrever uma declaração objetiva e concisa de nosso objetivo e do que pretendemos fazer para alcançá-lo. Depois, temos de ler essa declaração em voz alta, duas vezes ao dia — uma vez à noite, antes de ir para a cama, e uma vez ao levantar pela manhã. Enquanto a lê, visualize, alimente e acredite já estar atingindo sua meta.

Estabelecer metas

Peter sempre soube que queria ser engenheiro. Quando criança, seu principal interesse era em mecânica. Na escola, ele se destacava em matemática e ciências. Seus objetivos de carreira eram sólidos e ele os seguiu na faculdade e no mundo dos negócios.

A maioria de nós não tem a mesma sorte. Só temos conceitos vagos de carreira quando crianças e adolescentes, e

Definir e alcançar metas possíveis

muitas vezes "caímos" em nossa carreira por acaso. No entanto, nunca é tarde demais para estabelecer metas — não apenas em nosso trabalho e carreira, mas também em todos os aspectos da vida.

Jeanne passou por vários empregos depois da faculdade. Ela se formou em marketing, mas seu primeiro emprego nessa área era um tédio. Mudou para vendas, mas estava infeliz e vivia estressada. Seu emprego seguinte, como paralegal em um escritório de advocacia, a empolgou e despertou seu interesse em ser advogada.

Ela estabeleceu uma meta de longo prazo — tornar-se advogada criminalista. Solicitou transferência dentro de sua empresa para trabalhar com o advogado sênior, que lidava com questões criminais. Fez a faculdade de direito à noite e, enquanto este livro estava sendo escrito, ela ainda não tinha se formado. Então, estabeleceu a meta de trabalhar no gabinete do defensor público para ganhar experiência antes de abrir o próprio escritório de advocacia.

Se não foi bem-sucedido em algo que queria muito, não desista nem aceite a derrota. Tente outra coisa. Você tem mais de uma corda para seu arco — basta descobri-la.

— Dale Carnegie

Diretrizes para definir metas

Para que os objetivos sejam mais que apenas sonhos, devem combinar os seguintes elementos:

Ser objetivamente articulado

Indique, em termos objetivos, o que deseja realizar. Seja específico e firme ao declará-lo. Por exemplo: dizer "Minha meta é ser o melhor vendedor de minha empresa" é bom, mas é melhor ser mais específico: "Minha meta é atingir um volume de vendas de X reais no próximo ano fiscal; e dez por cento a mais a cada ano nos próximos três anos." Sabendo qual é a sua meta, sua mente inconsciente o ajudará a concentrar os esforços em alcançar esses números.

Ser razoável

Estabelecer metas que não podem ser alcançadas não faz sentido. Para garantir a razoabilidade de uma meta de longo prazo, divida-a em submetas alcançáveis. Por exemplo: a meta de longo prazo é expor minhas pinturas em uma prestigiada galeria de arte daqui a três anos. As metas intermediárias seriam: concluir X campanhas até dezembro do ano que vem; montar uma exposição em uma galeria de arte menor até julho do ano seguinte; ter uma crítica de meu trabalho em um periódico de arte até dezembro daquele ano. Objetivos de curto prazo: concluir uma pintura por mês; levar meu trabalho para X galerias por mês para avaliação.

Ser inspirado

Se estabelecermos uma meta que pode ser alcançada com muita facilidade, não nos sentiremos motivados a fazer mais que o mínimo. Temos de estabelecer metas que nos inspirem a seguir em frente e a trabalhar muito mais para alcançá-las. Empreendedores reconhecem que, uma vez alcançado um objetivo, precisam imediatamente definir outro que os faça crescer e continuar melhorando.

Basear-se em ação

Se as ações que serão tomadas para implementar as metas não forem anotadas, os objetivos não passarão de sonhos. Além de seus componentes físicos, a ação também possui componentes mentais e emocionais. Mentalmente, devemos estar preparados para pensar em nossos objetivos a cada momento livre e nas ações para realizá-los. Emocionalmente, não podemos nos permitir sentir medo ou pressão excessiva. É importante recordar nossa determinação e dar um passo após o outro. Se encontrarmos alguma oposição, não podemos nos permitir ceder ao desânimo.

Ser mensurável

Nem sempre é possível quantificar metas. Algumas podem ser medidas em termos financeiros e outras em termos numéricos. Podemos definir números de vendas que desejamos atingir por mês, trimestre ou ano em termos de unidades de produto ou valor em dinheiro, e criar metas de produção por quantidade. Mesmo metas intangíveis, que não são quantificáveis, podem ser estabelecidas em termos mensuráveis. É possível dividir o objetivo principal em segmentos e elaborar cronogramas para a conclusão de cada um. Assim, poderemos medir quão perto estamos de alcançar cada segmento e ajustar nossas atividades para garantir que sejam cumpridas em tempo hábil.

Ser fiel ao registro

Uma forma de garantir que os objetivos não sejam esquecidos ou se percam em nosso dia a dia agitado é anotá-los. Faça uma lista de metas de longo prazo; divida-as em metas intermediárias e de curto prazo. Anote-as em letras grandes e coloque-as onde possa vê-las todos os dias — em cima da mesa de trabalho, na porta da geladeira, no espelho etc. Leia-as, decore-as, releia-as e pergunte-se todos os dias: "O que estou fazendo para atingir esses objetivos?"

Ser flexível

Às vezes, as circunstâncias mudam e a meta que estabelecemos não é mais realista ou relevante no mundo dos negócios. As condições econômicas podem não ser favoráveis para abrir uma determinada empresa; inovações tecnológicas podem ter tornado nossa meta obsoleta; erros de pesquisa podem tornar o objetivo inviável. Isso não significa necessariamente que a meta deva ser completamente abandonada, talvez exija apenas ideias novas ou mais estudo. Se você se encontrar diante dessa situação, revise o que aconteceu e faça os ajustes necessários.

Muitas vezes não conseguimos cumprir uma meta definida. Não fique frustrado nem desista. Revise o que aconteceu, avalie a situação e faça os ajustes necessários.

Jason esperava ser promovido a gerente da loja em que trabalhava depois de dois anos como subgerente, mas isso não aconteceu. Em vez de desistir, e mesmo frustrado, ele analisou a situação. Sua empresa havia aberto de seis a dez novas lojas por ano nos últimos seis anos, e ele baseara sua meta na premissa de que continuaria abrindo várias novas lojas a cada ano. Mas os negócios haviam diminuído no último ano, só duas novas lojas foram abertas. Com a melhora nos negócios, mais seriam abertas. Ao ajustar suas metas, ele estendeu seu cronograma por mais um ano e provavelmente alcançará sua meta.

Esforçar-se

Uma vez que tenha alcançado uma meta, estabeleça outra que o estimule a continuar melhorando e crescendo. Quando Ben começou seu treino de condicionamento físico, foi instruído a nadar trinta voltas em meia hora para se manter em boa forma. Ele não demorou muito a alcançar esse objetivo. A maioria das pessoas de sua idade — perto dos 60 — teria tentado continuar nadando naquele ritmo, mas Ben descobriu que na piscina de 23 metros que usava, 36 voltas correspondiam a cerca de oitocentos metros, e imediatamente se esforçou para alcançar esse novo objetivo.

Compartilhar

Na maioria dos programas de perda de peso, os participantes são aconselhados a comunicar a sua família quanto peso pretendem perder e mantê-la informada sobre seu progresso. Por quê? Quando compartilhamos nosso objetivo com os outros, eles podem nos apoiar e nos ajudar a alcançá-lo. Quando ficamos tentados a desistir, eles nos encorajam a continuar.

Karen abandonou a faculdade quando se casou para poder trabalhar até que o marido concluísse os estudos. Planejava voltar depois e se formar. Mas o nascimento de seus filhos mudou seus planos. Agora, dez anos depois, ela conseguiu retomar os estudos. Administrar uma casa, trabalhar oito

Definir e alcançar metas possíveis

horas por dia e fazer faculdade à noite é difícil. De vez em quando, Karen sente que não vale a pena o esforço. Mas como o marido, os filhos e os amigos sabem o quanto isso é importante para ela, ajudam nas tarefas e a incentivam a continuar.

Revisar o progresso

Nem todas as metas podem ser quantificadas para ser facilmente mensuradas, mas, quando isso for possível, estabeleça padrões e cronogramas específicos. Quando não for quantificável, desenvolva uma maneira de medir quão perto está de atingir seu objetivo.

Quando Lee estabeleceu suas metas de vendas anuais, esperava aumentar seu volume em oito por cento. Isso significava que deveria abrir pelo menos quatro novas contas ou aumentar as vendas para seus clientes atuais. Ele dividiu isso em metas mensais que poderiam ser facilmente mensuradas em relação às suas vendas reais. Se as vendas não alcançassem a meta mensal, ele poderia tomar as medidas necessárias para corrigir a rota.

Como diretora de recursos humanos de uma empresa, Kathy não conseguia estabelecer metas quantificáveis. Seus objetivos para os próximos 12 meses incluíam estabelecer um novo programa de treinamento para operadores de processadores de texto, estudar e relatar à gerência um novo pacote de benefícios e projetar um sistema de avaliação de desempenho para funcionários.

Ela dividiu cada objetivo em segmentos e estabeleceu cronogramas para cada um. Assim, podia medir quão perto estava de alcançar cada segmento e ajustar suas atividades para garantir que conseguisse realizar todos até o fim do ano.

Almeje alto, pois as estrelas estão escondidas em você.
Sonhe, pois todo sonho precede a meta.

— RAINDRANATH TAGORE, ESCRITOR INDIANO
VENCEDOR DO PRÊMIO NOBEL

O processo de planejamento

Vejamos um exemplo de definição de metas eficaz. Digamos que você é um distribuidor de ferramentas que vende sua linha de produtos principalmente a construtores, e gostaria de expandir para o mercado consumidor, vendendo para lojas de ferragens, de materiais de construção, e de departamentos.

Vejamos uma abordagem de oito pontos que poderia adotar:

Ponto 1: resultado desejado

Seu primeiro ponto é o resultado final do projeto. É uma imagem do que, em última análise, você quer. Isso deve ser objetivamente definido e acordado por todos os membros da equipe de gestão.

Definir e alcançar metas possíveis

Ponto 2: circunstâncias atuais

Analise a situação atual. Quais são os seus pontos fortes e fracos na comercialização de seus produtos?

Ponto 3: fixação de metas

Agora você está pronto para definir metas realistas para concretizar com sucesso o escopo do projeto. Sem esses objetivos, você ficaria à deriva. As metas devem ser específicas em termos de processos e recursos. Quanto tempo e esforço será dedicado aos novos mercados e como isso afetará seu mercado atual?

Como já mencionamos neste capítulo, nossas metas devem ser mensuráveis por dados objetivos. Que parte do mercado você deve tentar alcançar em cada trimestre do primeiro ano do processo?

As metas também devem ser específicas em termos de prazo. Determine o tempo necessário para cada fase do processo, incluindo o planejamento, o início de cada uma e a implementação do programa.

Ponto 4: etapas de ação

Para atingir as metas, é preciso estabelecer prioridades e tomar ações específicas. Suas etapas de ação devem estabelecer suas necessidades em termos de dinheiro, material e equipamento, para que possa definir um orçamento razoável. Essas etapas devem incluir:

- Quem fará o trabalho? É possível atingir a meta com a atual equipe de vendas e marketing? Se sim, de que treinamento precisará? É necessário contratar mais gente para esse setor? Se sim, que habilidades e experiências deve buscar?
- Métodos a usar. O que deve fazer de diferente para atingir esse novo mercado?
- Quem será responsável por coordenar todo o esforço?

Ponto 5: custo

Outro aspecto do planejamento é determinar o orçamento e o custo de cada etapa de ação. Os custos incluem pessoal, equipamento, material e quaisquer outros necessários para atingir a meta.

Ponto 6: prazos

É preciso estabelecer e comunicar prazos para que haja um entendimento objetivo e para que as metas de curto, médio e longo prazos possam ser alcançadas. Seja realista. Coloque o cronograma por escrito para evitar mal-entendidos.

Definir e alcançar metas possíveis

Ponto 7: implementação

Uma parte importante, mas negligenciada, da implementação de um plano é garantir que todos os envolvidos entendam seu papel no alcance das metas. É preciso estabelecer o compromisso com os resultados acordados.

Ponto 8: acompanhamento/medição

Uma parte crítica do processo de realização de metas é manter registros precisos, analisar por que ocorreram desvios e tomar medidas para corrigir os desafios. Concentre-se nos fatores críticos para atingir a meta. O controle deve ser feito em intervalos curtos para que os desvios possam ser identificados de forma rápida e ajustados ou reavaliados nos estágios iniciais do processo.

Ao estabelecer um plano bem concebido, podemos focar em nossos verdadeiros objetivos, medir nosso progresso e garantir que seja realizado aquilo que é mais importante para nós, no trabalho ou em outros aspectos da vida.

Quando a derrota vier, aceite-a como um sinal de que seus planos não são sólidos, reconstrua-os e parta mais uma vez em direção ao seu cobiçado objetivo.

— NAPOLEON HILL, AUTOR DE PENSE & ENRIQUEÇA

Resumo

- Pessoas bem-sucedidas relatam que seu sucesso começou com uma esperança, um sonho, que levou a uma meta, que por sua vez levou a um plano de ação e, inevitavelmente, ao cumprimento da meta;
- Antes de determinar quais objetivos podem nos levar a iniciar essa jornada, devemos nos autoavaliar, investigando em nossa mente para determinar o que realmente queremos da vida e quais dos nossos recursos nos levarão a alcançar esse objetivo;
- Desenvolver metas que sejam razoáveis e alcançáveis é o primeiro passo para o sucesso;
- Siga estas diretrizes para estabelecer metas:
  - As metas devem ser definidas;
  - As metas devem ser razoavelmente alcançáveis;
  - As metas devem ser inspiradoras;
  - As metas devem se basear em ações;
  - As metas devem ser mensuráveis;
  - As metas devem ser escritas;
  - As metas devem ser flexíveis;
  - As metas devem exigir esforço;
  - As metas devem ser compartilhadas com outras pessoas que possam nos apoiar.
- Os objetivos devem ser revisados periodicamente para medir nosso progresso;
- Um plano de ação escrito e bem concebido é importante para alcançar nossas metas.

PASSO 3

Tratar bem os outros

Uma das razões mais comuns para as pessoas não conseguirem confraternizar é presumir que todos têm os mesmos desejos pessoais e a mesma psique. Nem sempre podemos saber o que leva outra pessoa a agir ou a responder a um evento de determinada maneira. Mas podemos compreender o tratamento de que a maioria das pessoas gosta e ao qual responde favoravelmente, e empregar essa compreensão para boas relações interpessoais. Vejamos algumas dicas que nos permitirão conviver bem com os outros.

Reconhecer o outro como indivíduo
É bom lembrar que em qualquer ambiente social — no trabalho, em casa ou na quadra de esportes — cada pessoa é diferente. Todas gostam de ver que reconhecemos essas diferenças e as tratamos como uma pessoa especial, não como uma peça padrão. Devemos desenvolver a prática de ouvir e

observar as pessoas com quem nos relacionamos e aprender a valorizar o que as torna únicas, conhecer seus pontos fortes e limitações, seus gostos e desgostos, saber como agem e reagem, e adaptar nossa forma de lidar com suas individualidades. Ao prestar atenção nessas diferenças, aprendemos que cada um tem uma ou mais preocupações especiais sobre seus relacionamentos e atividades. Por exemplo: vamos supor que somos supervisores ou líderes de equipe de uma empresa. Observamos que Joe, um dos membros dessa equipe, é muito preocupado com a segurança e não corre riscos por medo de errar e talvez comprometer seu trabalho. Observamos que Betty é ambiciosa e quer subir de cargo o mais rápido possível. Entre os outros funcionários, Sam e Lil precisam de segurança constante, ao passo que Karen está sempre experimentando novas abordagens. Levando em conta essas diferenças individuais, poderemos trabalhar de forma mais eficaz com cada um deles e ajudá-los a obter o que mais desejam de nós.

Tratamento diferenciado x preferencial

Alguns gestores têm medo de que, ao "atender aos caprichos" de cada funcionário, tenham de tratar cada pessoa de um jeito diferente, e isso não seria só caótico, como também poderia gerar acusações de injustiça.

Mas, como as pessoas não são todas iguais, devemos fazer adaptações ao lidar com cada uma para atingir o mesmo objetivo geral: fazer o trabalho com eficácia. Isso não significa aceitar padrões mais baixos ou tolerar mau comportamento. Ao lidar com as pessoas de uma forma que as inspire a dar o melhor de si, estamos desempenhando nossas funções de gestão da melhor maneira possível. Isso propiciará um ambiente de trabalho mais feliz e mais produtivo e ajudará cada pessoa — inclusive a nós — a alcançar as metas desejadas.

Políticas e procedimentos devem ser estabelecidos, comunicados aos funcionários e administrados de maneira consistente. Cindy e Sandy têm problemas de atraso. A chefe gosta de Cindy, mas não muito de Sandy. Ela impõe uma ação disciplinar por atraso para Sandy, mas deixa Cindy escapar com uma leve repreensão. Não só Sandy fica chateada, como também as outras pessoas do departamento consideram aquilo injusto. Todos que cometem os mesmos erros devem receber a mesma punição.

As pessoas respondem emocionalmente — não racionalmente — quando algo de seu interesse está em perigo. O desejo de um tratamento justo está enraizado na composição emocional de todos nós. O favoritismo desmoraliza e destrói a sensação de segurança daqueles que temem que seus esforços e valor não sejam reconhecidos.

Orgulho no trabalho

Independentemente de estar em uma posição de supervisão ou mais subordinada, temos orgulho de nosso trabalho. Conquistamos a posição que ocupamos e temos orgulho de nossas realizações. Nossos chefes valorizam o trabalho que fazemos e nos consideram uma parte importante da empresa. Se pudermos incutir esse orgulho nas pessoas ao redor, elevaremos o ânimo e o compromisso de todos.

Agradecimentos e elogios devem ser dados sempre que apropriado. Dale Carnegie incentivava as pessoas ao "aprovar com entusiasmo e elogiar com generosidade", e esse conselho se aplica a qualquer situação. Todo mundo gosta de ouvir que é uma parte valiosa do todo. Talvez alguém limpe a cozinha muito bem ou tenha muita disposição para brincar com nossos filhos. Saber que seu trabalho é reconhecido pode encorajar esse mesmo comportamento, que muito provavelmente se tornará a norma.

A importância de ter nossa contribuição valorizada foi reforçada por um relatório da Society for Human Resource Management, baseado em uma pesquisa do Gallup com quatrocentas empresas. Ele confirmou que o relacionamento de um funcionário com seu chefe direto tem uma influência maior na permanência no emprego que o pagamento ou os benefícios do trabalho. Uma liderança — incluindo coachs e mentores — justa e inspiradora mantém os funcionários na empresa. Outra pesquisa do Gallup revelou que um indicador fundamental de satisfação e produtividade do funcionário é a crença de que seu chefe se preocupa com ele e é confiável.

Da mesma forma, um estudo da Employee Retention Headquarters citou a valorização e o envolvimento como mais cruciais que o dinheiro para a felicidade dos funcionários. Os membros de uma equipe precisam ser convencidos, verbal e não verbalmente, de que a administração respeita sua posição e que eles são importantes para o sucesso da empresa. Tratar bem os outros significa celebrar com eles os marcos e as vitórias de maneira pronta e sincera, seja pública ou privadamente.

Sensação de pertencimento

Muitas empresas se gabam do *esprit de corps* que geram. O espírito de equipe é essencial para o sucesso da atividade em grupo. As pessoas gostam de sentir que fazem parte de algo maior que elas, seja uma equipe, um grupo social, uma unidade militar ou uma empresa. Elas são mais felizes, cooperativas e produtivas quando se identificam com seu grupo — especialmente um grupo bem-sucedido e eficaz. Gabam-se de ter servido no Corpo de Fuzileiros Navais dos Estados Unidos muito tempo depois de seu serviço ser concluído. Orgulhosamente dizem aos outros que trabalharam na IBM, Microsoft, Apple, General Motors, Sony, Toyota ou outras empresas de prestígio.

Como podemos construir esse sentimento nas pessoas que nos cercam? Bons gestores constroem o espírito de equipe mantendo os objetivos bem definidos diante de seus membros e dando a todos a chance de participar na definição de como serão atingidos. Quando são envolvidos nas decisões que afetam seu trabalho, os funcionários se sentem importantes para o departamento, e isso solidifica seu compromisso. Sentem entusiasmo com seu trabalho e motivados a dar o melhor de si.

Trate as pessoas como se fossem o que deveriam ser e você as ajudará a se tornar o que são capazes de ser.

— JOHANN WOLFGANG VON GOETHE

Billy nunca esqueceu seu primeiro chefe. "Eu tive uma ideia ótima que poderia aumentar a produção de meu departamento. Empolgado, fui até o chefe. Ele nem sequer me ouviu. Disse: 'Você é pago para trabalhar, não para pensar. Volte para a sua mesa.' Nunca mais sugeri uma ideia enquanto trabalhei lá."

As pessoas envolvidas em determinado trabalho têm uma boa visão da operação e muitas vezes apresentam boas sugestões. Todos nós somos mais criativos do que achamos. Devemos transformar em prática o ato de incentivar todos a dar sugestões e levar as propostas a sério. Se uma ideia não for aceitável, explique o motivo, mas nunca a ignore — e nunca a menospreze.

Os membros de uma equipe e colaboradores devem se sentir à vontade para discutir seu progresso pessoal com seu gestor. Alguns gestores inadvertidamente erguem uma barreira entre eles e seus funcionários para que estes não se sintam à vontade para abordá-los. Podemos não perceber, mas se nossos funcionários não nos procuram com seus problemas, isso não significa que não existam. É mais provável que eles não se sintam à vontade para falar conosco.

Os benefícios da comunicação aberta são evidentes em qualquer situação. Lembra-se de quando a Johnson & Johnson fez o recall de cerca de 31 milhões de caixas de Tylenol, tendo uma despesa enorme, quando foi revelado que alguns comprimidos foram adulterados? A franqueza e a ação rápida dos executivos da empresa foram anunciadas na mídia, e suas ações no mercado se recuperaram com relativa rapidez. Esse evento (há mais de trinta anos) gerou uma imensa boa vontade em relação à empresa e estabeleceu um novo padrão de resposta a uma crise.

Oportunidade de prosperar

Ninguém quer ficar entediado. Tratar bem os outros implica garantir que prosperem. Em um ambiente profissional, várias pesquisas mostraram que, para muitos funcionários, um trabalho estimulante e valioso é mais importante que o salário e o progresso na carreira. É difícil pôr um preço no entusiasmo. Os gestores que promovem o envolvimento dos funcionários e os incluem desde o início nos projetos obtêm ideias mais criativas, mais comprometimento por parte deles e orgulho do resultado. Os funcionários que participam ativamente da tomada de decisões sobre um amplo espectro de questões ajudam a criar um ambiente de que gostam e no qual querem permanecer.

Se tiverem chances de crescimento pessoal e profissional, é menos provável que os funcionários saiam para outras empresas. Fornecer oportunidades de treinamento e desenvolvimento de novas habilidades e aprimoramento de carreira é uma indicação de que um gestor está disposto a investir no funcionário. Isso é fundamental para mantê-lo no emprego. Podemos mostrar nosso interesse nos membros da equipe incentivando-os a participar de organizações profissionais (e pagando a taxa de associação), dando-lhes o tempo de folga necessário e pagando as inscrições para que participem de conferências. Empresas com alta taxa de permanência têm a reputação de fornecer mobilidade ascendente para seus funcionários. Um plano de carreira acordado em conjunto conquistará o comprometimento dos funcionários e garantirá que aceitem as metas da direção. De fato, 92 por cento dos entrevistados de uma pesquisa indicaram que nem um aumento substancial de salário anual os levaria a mudar de empresa se estivessem recebendo condições para desenvolvimento pessoal e profissional.

Reconhecer as necessidades dos outros

Nem sempre podemos antecipar as necessidades específicas dos outros, mas sabemos que há interesses que não nos envolvem. Se nosso colega de apartamento está estudando, não entramos na sala e ligamos a TV. No local de trabalho, as empresas que demonstram consciência de que os funcionários precisam de uma vida equilibrada têm taxas de permanência mais altas que as que acreditam que seus empregados devem comer, respirar e dormir no trabalho. Reconhecer e respeitar a importância da vida familiar e pessoal previne o esgotamento e promove a lealdade. De acordo com a Society for Human

Resource Management, os empregadores precisam estar cientes das questões de qualidade de vida no trabalho. Devem se dispor a oferecer horários flexíveis e ser sensíveis às necessidades de cuidar dos filhos, aos desafios de ser pais e ao equilíbrio entre a carreira do funcionário e a de seu parceiro.

> *Há tempos percebi que as pessoas realizadas raramente se acomodam e deixam que as coisas aconteçam com elas. Elas fazem as coisas acontecerem.*
>
> — LEONARDO DA VINCI

Oito maneiras de tratar corretamente os colegas no local de trabalho

1. Mostre a cada um como está se saindo;
2. Ajude os membros da equipe a melhorar seu desempenho e sua contribuição por meio de treinamento e orientação;
3. Dê aprovação com entusiasmo e elogios com generosidade;
4. Informe as pessoas com antecedência sobre as mudanças que as afetarão e, se possível, o motivo da mudança estar sendo feita;
5. Tire o melhor proveito da capacidade de cada pessoa;
6. Descubra qual habilidade não está sendo usada, ajude a pessoa a desenvolvê-la e utilize-a;
7. Nunca bloqueie a oportunidade de progresso de uma pessoa;

8. Dê às pessoas liberdade para controlar a maneira como fazem o trabalho. Incentive-as a sugerir melhores métodos e abordagens.

Conhecer e superar nossos vieses

Em geral, as pessoas tomam decisões com base em fatores que talvez nem percebam que são vieses. Depois que a Achilles Heel Company rejeitou Juan G. para um cargo de vendas, ele foi contratado por um concorrente direto e se tornou o melhor vendedor de sua equipe. Quando perguntaram ao gerente de vendas da Achilles por que o rejeitaram, ele respondeu: "Eu não sabia como ele poderia se encaixar."

Quantas pessoas boas rejeitamos — no local de trabalho ou socialmente — por causa de nossos vieses conscientes ou inconscientes?

A palavra "viés" significa "tendência". Por exemplo, ao contratar, optamos por àqueles que se encaixam em nossas noções preconcebidas do que fará ou não sucesso nesse trabalho. Muitas vezes, esses vieses estão errados — baseados em conceitos que não necessariamente se sustentam quando examinados com atenção. A palavra "preconceito" significa "prejulgamento". A decisão é tomada com base em alguma característica superficial antes de uma avaliação real das qualificações.

Às vezes, rejeitamos as pessoas por causa de uma característica pessoal específica que nos incomoda. Lembre-se de que nossa perspectiva é apenas nossa e não é necessariamente compartilhada por outros. Por exemplo: o fato de Lisa se parecer com a sua ex-namorada não é uma experiência compartilhada pelos outros, e eles não serão desencorajados por ela.

Pessoas como nós

Nossos vieses se baseiam não apenas em como uma pessoa fala, em sua aparência ou no modo de se vestir, mas também em outros aspectos de seu passado. As pessoas tendem a se sentir mais à vontade com gente que consideram iguais a si. Tendemos a apresentar vieses em favor de pessoas que têm as mesmas origens que nós, que frequentaram a mesma escola ou que vivem na mesma comunidade.

O presidente de um banco tinha ascendência cristã. Por estranha coincidência, a maioria das pessoas que ele contratava ou promovia tinha formação cristã. De vez em quando, uma pessoa excepcionalmente competente de outra formação podia ser promovida a um cargo de administração, mas nunca um muçulmano. Por quê? Porque ele inconscientemente desconfiava dos muçulmanos após o atentado de 11 de Setembro.

Superficialmente, essa ação pode parecer sensata. Afinal, pessoas que trabalham juntas devem ser compatíveis. Mas discriminação baseada na religião não é somente ilegal como também permite que a religião seja um obstáculo em sua carreira que pode eliminar pessoas de alto potencial que poderiam ter contribuído significativamente para o sucesso da empresa.

Não é viés, é fato

Jack ficou irritado. "Não sou preconceituoso", explicou quando criticado por sua escolha. "É preciso ter boa aparência para ser bem-sucedido em vendas. As pessoas julgam o livro pela capa. É mais provável que os compradores deem mais atenção a vendedores bonitos. Eles rejeitam os comuns."

No entanto, quando pediram a Jack que comparasse os resultados de seus vendedores com os de outros gerentes que não davam tanta ênfase à aparência ao contratar, ele percebeu que seu "fato" não era verdade. O melhor vendedor da empresa era Mark, um homem que Jack se recusara a contratar em sua loja porque estava acima do peso. "Os clientes sairiam correndo ao ver um vendedor gordo", explicou. O chefe de Jack apontou que Mark era uma pessoa inteligente e envolvente, com quem os clientes gostavam de conversar. O viés subjetivo de Jack não era compartilhado por outras pessoas, era injusto com Mark e outras pessoas com sobrepeso, o que atrapalhava sua tomada de decisões.

Descobrindo nossos vieses

Inúmeras pessoas aceitam o fato de que devemos avaliar alguém com base em todo o seu histórico. Como a maioria dos vieses são inconscientes, muitos não percebem quais são os seus. Eles são emocionais, não lógicos. Somente por meio de uma autoanálise cuidadosa podemos nos tornar conscientes deles.

Tratar bem os outros

Uma maneira de fazer isso é revisar as vagas de emprego que preenchemos — seja por contratação ou promoção — no ano passado. Analise as pessoas que escolheu. Elas têm alguma característica especial em comum? Têm o mesmo tipo de aparência, fala ou origem étnica? Dê atenção especial aos candidatos rejeitados, principalmente aqueles que nunca foram além da primeira entrevista. Eram mesmo desqualificados? Tinham algo que você não conseguia definir, mas que não lhe agradava? Se sim, isso poderia ter sido uma boa intuição — ou seja, uma escolha honesta — ou fruto de seus vieses?

Entendendo nossa atitude — autoavaliação

Para entender melhor nossas atitudes em relação às diferenças culturais entre nós e os outros, escreva "concordo" ou "discordo" ao lado das seguintes afirmações:

1. Quando criança, celebrava datas comemorativas específicas relacionadas ao meu país de origem ou crença religiosa. _____
2. Agora que sou adulto, tenho orgulho da cultura em que fui criado e das regras de comportamento que aprendi. _____
3. Minha religião exige que eu observe tradições específicas como um ato de fé. _____
4. Por opção, a cada ano acrescento observâncias que são importantes para mim com base em meus interesses, religião, sexo, idade ou outros fatores. _____

5. A maioria dos meus colaboradores sabe pouco ou nada sobre minha formação e valores. _____
6. Acredito que as observâncias religiosas e culturais devem ser um assunto privado. _____
7. Estou familiarizado com as origens culturais e crenças religiosas de meus amigos e colaboradores.
_____
8. Respeito e celebro as observâncias e tradições culturais dos outros. _____
9. Partilho abertamente o significado de minhas celebrações culturais. _____
10. Acredito que só os feriados oficiais devem ser honrados publicamente. _____
11. Acho curiosos ou ofensivos alguns costumes, tradições e/ou observâncias de pessoas de diferentes culturas.
_____
12. Nossa comunidade seria mais harmoniosa se todos partilhássemos os mesmos valores. _____

Avaliação das respostas

- Se sua resposta foi "concordo" nos itens 1 a 4:

Isso pode indicar uma forte conexão com suas tradições e valores culturais e religiosos. Por um lado, essa conexão pode nos proporcionar um forte senso de propósito, oferecer orientação para o comportamento ético e ser um conforto em situações desconhecidas ou estressantes. Por outro lado, pode tornar mais difícil que aceitemos ou toleremos visões diferentes das nossas.

- Se sua resposta foi "concordo" nos itens 5 e 6:

Isso pode indicar que você tem reservas para expressar abertamente seus valores e acredita que os outros devem se comportar da mesma forma. Um aspecto positivo disso é que pode evitar conflitos e confrontos quando existem diferenças. Ao mesmo tempo, a falta de conscientização pode causar problemas com base em comentários ou comportamentos insensíveis aos quais outros podem se opor.

- Se sua resposta foi "concordo" nos itens 7 a 9:

Essas respostas podem ser interpretadas como uma demonstração de abertura para os outros e como uma visão das diferenças como sendo interessantes, em vez de incômodas. Um benefício dessa atitude é que pode levar à construção de um relacionamento com os colegas. Uma desvantagem é que os outros podem achar que nossas convicções não são fortes.

- Se sua resposta foi "concordo" nos itens 10 a 12:

Ao concordar com essas declarações, podemos ser vistos como puristas em termos de valores e costumes culturais. Uma vantagem de manter essas ideias pode ser a promoção de um ambiente homogêneo quando aceito voluntariamente por todos. Uma possível desvantagem é que tais atitudes podem alienar membros do grupo que possuam diferenças de opinião e pratiquem outros estilos.

À medida que nos tornamos mais diversos, precisamos trabalhar mais para nos unir em torno de valores coletivos e nossa humanidade comum.

— WILLIAM JEFFERSON CLINTON

Aproveitando ao máximo a diversidade

Tendo nos conscientizado e tomado medidas para superar nossos vieses e preconceitos, devemos examinar todo o conceito de relacionamento com pessoas de origens diversas. Devemos ter como objetivo principal alcançar um relacionamento bem-sucedido com pessoas diferentes de nós.

A primeira fase para aproveitar ao máximo a diversidade é fazer um esforço conjunto para tomar consciência da diversidade cultural que existe em nossa empresa, igreja, comunidade ou outros locais.

A segunda fase para aproveitar ao máximo a diversidade é encorajar as pessoas a falar sobre suas diferenças culturais. Duas coisas devem ser lembradas sobre a diversidade cultural:

- É difícil abordar as diferenças culturais sem recorrer a estereótipos. Na forma mais pura, não existe um estereótipo de pessoa. Nenhuma pessoa é igual à outra e nenhum indivíduo é um clone de outro;
- À medida que a diversidade cresce, aumenta também a complexidade da comunicação e a necessidade de fazer mais esforços para desenvolver e aprimorar habilidades de comunicação.

Conscientização e discussão do tema podem propiciar uma imagem mais nítida da diversidade cultural. Respeito e compreensão são mais que tolerar diferenças entre indivíduos ou grupos; trata-se de apoiá-los e nutri-los. Variedade de ideias, talentos, habilidades e conhecimentos é um atributo desejável para qualquer empresa.

Propiciar um ambiente de apoio e estímulo e expor os membros do grupo a novos problemas, ideias, informações e culturas aumenta nossas oportunidades de crescimento e sucesso. Também cria oportunidades para o desenvolvimento do caráter, ensina tolerância e respeito pelas pessoas e incentiva a preocupação com a equidade. Uma coalizão culturalmente diversificada que valoriza e nutre pessoas de todas as origens é digna de participação ativa.

Aproveitar ao máximo a diversidade exige o comprometimento de todos os envolvidos. Mudar atitudes e suposições predominantes não é fácil. Muitas vezes, o máximo que podemos esperar é mudar comportamentos, em vez de atitudes arraigadas. Os membros de uma coalizão diversificada devem estar comprometidos com o pluriculturalismo e com a abordagem de questões relacionadas às diferenças culturais.

A ascensão do pluriculturalismo

Na maioria dos países, os povos enfrentam, hoje, problemas inerentes ao trabalho com grupos diversificados. A partir de meados do século XX, empresas da Europa e da Ásia "importaram" trabalhadores de países menos desenvolvidos. Vimos emigrações em massa de turcos para a Alemanha, argelinos para a França, indonésios e sul-asiáticos para a Arábia Saudita, sul-coreanos para o Japão e muitos outros.

No início de nossa história, a experiência norte-americana diferia da de outros países porque os primeiros imigrantes assimilaram com relativa rapidez o estilo de vida estadunidense. Mas não é o que tem acontecido nos últimos tempos.

Segundo a teoria tradicional do crisol de raças, os imigrantes que se estabeleceram nos Estados Unidos abandonariam os costumes de seus países e se misturariam alegremente em um só povo. Mas esse tipo de assimilação foi substituído pelo conceito de pluriculturalismo. Imigrantes mais recentes tendem a se apegar às suas culturas nativas e integrá-las à cultura de seu novo ambiente, sem abandoná-las.

Desde a década de 1960, a ideia de uma única monocultura começou a se deteriorar. Deu lugar a uma sociedade mais pluralista que continua evoluindo por meio da integração e influência cultural. Essas mudanças são comumente evidentes na moda, nos hábitos alimentares, no entretenimento, na música, na literatura e nos esportes.

Essa diversidade permite que todos nós capitalizemos habilidades e áreas de especialização únicas. Podemos aprender muito com a compreensão mútua e reconhecimento das diferenças individuais. Fortalecer o senso de identidade cultural positivo das pessoas é um aspecto importante para estabelecer relacionamentos bem-sucedidos entre todos os envolvidos. Os indivíduos podem, consciente ou inconscientemente, inserir valores, atitudes ou comportamentos étnicos na dinâmica do grupo maior.

A compreensão é o primeiro passo para a aceitação.

— J.K. Rowling

Tratar bem os outros

Administrando a diversidade cultural

Para aproveitar ao máximo a diversidade cultural, programas e protocolos devem levar em conta:

1. Recrutamento. Tente incluir em sua empresa pessoas que sejam representativas da comunidade;
2. Treinamento em diversidade. Conscientize-se da diversidade cultural do grupo. Procure compreender todas as suas dimensões e buscar o compromisso dos envolvidos em fomentar a diversidade cultural. Aborde mitos, estereótipos e diferenças culturais que interferem na plena contribuição dos membros;
3. Comunicação dentro das coalizões. Remova as principais barreiras que interferem no trabalho conjunto de pessoas de culturas diferentes. O melhor método para isso é entender e praticar uma melhor comunicação:
   º Aprenda a ouvir. Ouça o que está sendo dito, não o que quer ouvir;
   º Convide outras pessoas para fazer parte da discussão;
   º Aprenda a se comunicar de forma objetiva e acertada;
   º Não julgue as pessoas por causa de seu sotaque ou gramática;
   º Teste a compreensão. Faça perguntas para ter certeza de que está sendo entendido;
   º Adapte seu estilo de comunicação para se adequar à situação. Seja explícito. Indivíduos de culturas diferentes podem reagir de maneiras diferentes a determinado idioma e tom. Saiba com quem está se comunicando;

10 passos para uma vida de realização

- Use uma linguagem que promova confiança e aliança. Cada indivíduo quer ser bem-sucedido nesse empreendimento. Seja calmo e positivo;
- Quando surgem conflitos, o problema pode resultar de estilo, e não de conteúdo. Esforce-se para entender. Revise e analise seu objetivo principal para ter certeza de que o conteúdo é objetivo. A maneira como dizemos algo pode ser mais importante que o que dizemos.
4. Foco nas semelhanças. Homens e mulheres, brancos e negros, gestores e subordinados são diferentes entre si em termos de funções, mas suas semelhanças superam essas divergências. O reconhecimento e a aceitação de semelhanças e diferenças é essencial para relacionamentos eficazes;
5. Manutenção do compromisso. Revisite constantemente as várias atividades que garantem a conscientização, compreensão, comunicação e nutrição de uma empresa culturalmente diversificada;
6. Liderança forte.
    - Em todas as áreas nas quais participa, dentro ou fora do trabalho, articule visão e valores pluralistas para a sua empresa. Mostre como todos são parte integrante da missão e visão dessa organização;
    - Incentive e apoie o debate entre as pessoas sobre o significado da diversidade e do pluralismo. Mostre como implementar programas que possam atingir esses objetivos;
    - Demonstre compromisso ético com a justiça e com a eliminação da discriminação em suas relações com outras pessoas, grupos e empresas;

Tratar bem os outros

- Compreenda as dimensões da diversidade, use uma linguagem inclusiva e de valorização, cite fontes diversas, adapte-se prontamente às diferenças de estilos de comunicação de pessoas diferentes, mostre respeito pelas diferenças humanas e esteja ciente e à vontade ao lidar com questões de diversidade;
- Valorize o aprendizado e a mudança pessoal contínuos, solicite pontos de vista e opiniões de diversas pessoas, peça feedback sobre comportamento pessoal e pontos cegos e esteja aberto a mudar crenças e ações com base nesse feedback;
- Dê mentoria aos indivíduos e incentive outros a fazer o mesmo.

Dicas rápidas para trabalhar com pessoas de culturas diferentes

- A maioria das pessoas aprecia um esforço sincero de estender a mão, ser cumprimentada na própria língua e ter suas crenças reconhecidas. Não se preocupe em cometer erros;
- Pode levar mais tempo para construir um relacionamento e confiança com pessoas de culturas diferentes. Seja paciente;
- Peça às pessoas envolvidas que lhe avisem a qualquer momento se fizer algo que seja ofensivo na cultura delas;
- Explique detalhadamente os procedimentos que se propõe a realizar e a razão deles;

- Comunicar-se com pessoas que têm proficiência limitada em nosso idioma requer cuidado. Se o material for técnico ou complexo, use um intérprete; para assuntos mais simples, peça ajuda a outro colaborador que tenha um bom conhecimento dos dois idiomas envolvidos;
- Tanto quanto possível, use palavras (não gestos) para expressar o significado do que quer dizer. Gestos que são aceitáveis em nossa cultura podem ser ofensivos ou sem sentido em outras;
- Explore como a pessoa vê o assunto que está sendo discutido.

Resumo

- Tratar bem os outros começa com o reconhecimento de que cada pessoa é um indivíduo.
- Devemos fazer o melhor para atender às diferentes necessidades das pessoas e ainda tratar todos de forma justa e igual;
- Ao incutir em nossos funcionários o orgulho de seu trabalho, ajudamos a formar um grupo produtivo e feliz;
- Nossos funcionários estarão mais comprometidos com a empresa se solicitarmos suas ideias e inovações;
- No local de trabalho e em outros lugares, é fundamental lembrar que não somos o único foco da vida dos outros;
- Faça questão de acomodar as muitas necessidades de seus funcionários às muitas demandas de seu tempo;
- Faça questão de treinar e elogiar os outros no trabalho;

- Às vezes, cultivamos vieses em relação àqueles que vemos como diferentes de nós. É prudente examinar com atenção seu comportamento em relação aos outros para descobrir seus vieses e trabalhar para eliminá-los;
- Como o pluriculturalismo se torna cada vez mais a norma no mundo, devemos aproveitar o que pessoas de outras origens têm a oferecer. No local de trabalho, implemente práticas inclusivas para acolher e integrar pessoas de todas as nacionalidades e religiões.

PASSO 4

Ter uma boa conversa

A capacidade de manter conversas interessantes é um dos maiores dons que uma pessoa pode ter. É muito útil para o sucesso empresarial e social e contribui para tornar mais agradável a companhia de outras pessoas.

Não há nada melhor para causar uma boa impressão, ainda mais em pessoas que não nos conhecem a fundo, que ser um bom conversador. Conseguir interessar as pessoas, prender sua atenção, atraí-las naturalmente por nossa capacidade de conversação é uma grande realização. Isso abre portas e amolece corações. Faz que sejamos bem-vindos e engajados com todos os tipos de interlocutor. Ajuda-nos a progredir no mundo. Atrai clientes, pacientes, colaboradores e amigos. É a ferramenta que nos permitirá persuadir as pessoas a aceitar nossas ideias, seguir nossa liderança e comprar nossos produtos.

As pessoas que falam bem, que dominam a arte de dizer as coisas de maneira atraente, que despertam o interesse dos outros imediatamente pelo poder da fala, têm uma vantagem muito grande sobre outras que talvez saibam mais sobre o assunto, mas que não conseguem se expressar com facilidade ou eloquência. De fato, pesquisas mostram que habilidades não cognitivas, aquelas voltadas para a socialização, são muito mais importantes em termos de sucesso profissional do que tradicionalmente pensamos.

> *Existem quatro maneiras, apenas quatro, de manter contato com o mundo, e somos avaliados e classificados por elas: o que fazemos, nossa aparência, o que dizemos e como dizemos.*
>
> — Dale Carnegie

A conversação é um poderoso desenvolvedor de energia. No entanto, falar sem pensar, sem esforço para se expressar bem e com concisão, agirá contra nós. Mera tagarelice ou fofoca não impressiona. Nada indicará nossa delicadeza ou grosseria, nossa boa criação ou falta dela, tão rápido quanto a maneira como conversamos. Ela conta a história de toda a nossa vida. O que dizemos, e como dizemos, trairá todos os nossos segredos, dará ao mundo nossa verdadeira medida.

O que faz um bom conversador?

Intelecto, capacidade mental e experiência em determinado campo podem ser úteis, mas não são as principais razões que prendem a atenção dos outros.

Ter uma boa conversa

Devemos fazer com que as pessoas sintam nossa empatia, que conheceram uma pessoa sincera. Em vez de cumprimentar as pessoas com um duro "Como vai?" ou "Prazer em conhecê-lo", sem emoção ou sentimento, devemos olhá-las diretamente nos olhos e fazê-las sentir nossa personalidade, dar um sorriso e uma palavra gentil que as deixará felizes em nos conhecer.

Seja cordial

Cultive a cordialidade. Escancare a porta de seu coração. Não a deixe só entreaberta, não faça a pessoa sentir como se você pensasse: *Pode dar uma espiada, mas não pode entrar enquanto eu não souber se você me agrada*. Muitas pessoas são mesquinhas com a própria cordialidade. Parecem reservá-la para alguma ocasião especial ou para amigos íntimos. Acham que é preciosa demais para dá-la a todos.

Um aperto de mão caloroso e alegre e uma saudação cordial criarão um vínculo de boa vontade. As pessoas dirão a si mesmas: "Essa pessoa tem uma personalidade interessante. Quero saber mais sobre ela. Ela vê algo em mim, evidentemente, que a maioria das pessoas não vê." Essa capacidade de gerar uma forte sensação de conexão com os outros é uma característica dominada pelo presidente Clinton. Pessoas que o conhecem comentam sentir que ele olha diretamente para o coração delas quando fala. Esse sentimento cria calor e intimidade imediatos.

O importante não é só o que dizemos, mas como dizemos

Não esqueça que nos expressamos não apenas pelas palavras que pronunciamos, mas também pelo tom de voz, pela expressão de nosso rosto, pelos gestos e pela postura.

Olhar os outros nos olhos e realmente ouvir o que estão dizendo é extremamente impactante. Quando não estamos envolvidos na conversa — olhando ao redor, ou não demonstrando atenção e compaixão em nossa expressão facial, ou ainda, Deus nos livre, olhando o celular enquanto alguém está falando —, transmitimos um sinal que diz que essa pessoa não é importante para nós. Essa é uma ótima maneira de alguém não querer nos conhecer melhor ou não fazer negócios conosco no futuro.

Percebemos quando nos relacionamos bem com alguém. Todos os bons conversadores sentem um poder provindo do ouvinte que nunca sentiram antes, e que muitas vezes estimula e inspira novos esforços. A mistura do pensamento de duas pessoas, o contato entre mentes desenvolve novos poderes, assim como a mistura de duas substâncias químicas muitas vezes produz uma terceira.

Uma conversa deve ser como um malabarismo. Para cima vão as bolas e os pratos, sobem e descem, para dentro e para fora, bons objetos sólidos que brilham na ribalta e caem com estrondo se você errar.

— EVELYN WAUGH, ESCRITOR BRITÂNICO

Ter uma boa conversa

Esteja realmente interessado nos outros

A impaciência é uma característica notável em muitas pessoas. Tudo que não gera mais negócios, ou mais dinheiro, ou que não ajuda a alcançar aquilo pelo que nos esforçamos nos deixa impacientes. Em vez de curtir nossos amigos, tendemos a considerá-los como degraus de uma escada e a valorizá-los na proporção em que nos encaminham pacientes, clientes, colaboradores, ou mostram sua capacidade de nos impulsionar a uma posição política.

Desenvolva empatia

Uma das razões que acabam com conversas é a falta de empatia. Somos egoístas demais, focados demais em nosso bem-estar e absortos em nosso mundinho, concentrados demais na própria autopromoção para nos interessar pelos outros. Ninguém pode ser um bom conversador se não for empático. Precisamos ter a capacidade de entrar na vida do outro, vivê-la com o outro, ser um bom ouvinte ou um bom orador.

Para ser agradáveis, devemos nos interessar pelo que os outros gostam. Não importa quanto sabemos sobre um assunto, porque, se não interessar a nosso interlocutor, nossos esforços serão, em grande parte, perdidos.

Muitas pessoas são frias, reservadas e distantes porque estão com a cabeça em outro lugar, preocupadas apenas com os próprios assuntos. Há apenas duas coisas que as interessam: seus negócios e seu mundinho. Se falarmos sobre essas coisas, elas ficarão atentas imediatamente. Porém elas não se importam com as nossas predileções, como estamos, qual é a nossa ambição ou como podem nos ajudar. A conversa delas nunca alcançará um alto padrão enquanto viverem em um estado tão febril, egoísta e antipático.

> *O exercício mais frutífero e natural para nossa mente é, em minha opinião, a conversa.*
>
> — MICHEL DE MONTAIGNE, ENSAÍSTA FRANCÊS

Seja delicado, tenha tato

Grandes conversadores são delicados. São interessantes sem ofender. Algumas pessoas têm a peculiar qualidade de despertar o que há de melhor em nós. Elas são alegres e agradáveis. Nunca tocam nossos pontos sensíveis. Irradiam tudo o que é espontâneo, doce e belo. Outras despertam nossas qualidades menos desejáveis. Nos irritam sempre que aparecem.

Mantenha a mente aberta e seja tolerante. Pessoas que violam o senso de bom gosto, justiça e equidade nunca interessam nem atraem os outros. Elas bloqueiam todas as abordagens a seu eu interior, e a conversa é superficial, mecânica e sem vida ou sentimento.

Ter uma boa conversa

Deixe os outros à vontade

Lincoln era mestre na arte de se tornar interessante para todos que encontrava. Ele deixava as pessoas à vontade com histórias e piadas, tão à vontade que elas lhe abriam seus tesouros mentais sem reservas. Estranhos sempre ficavam felizes em conversar com Lincoln porque ele era cordial e pitoresco, e sempre dava mais do que recebia.

Um senso de humor como o de Lincoln é um grande acréscimo ao poder de conversação de uma pessoa. Mas nem todos são engraçados e, se não tivermos essa capacidade, passaremos vergonha tentando sê-lo.

Mas bons conversadores não são excessivamente sérios. Não sobrecarregam o interlocutor com detalhes minúsculos. Fatos e estatísticas cansam, então eles os complementam com ilustrações e histórias. Vivacidade é necessária. Uma conversa pesada é chata, mas, por outro lado, se for muito leve, mesmo que seja divertida, pode projetar para os outros que somos insípidos e superficiais.

Portanto, para ser um bom conversador, devemos ser espontâneos, dinâmicos, naturais, simpáticos e mostrar um espírito de boa vontade. Devemos ter um espírito de ajuda e nos entregar de coração e alma às coisas que interessam aos outros. Devemos atrair a atenção das pessoas e mantê-las interessadas, e isso só é possível por meio de uma simpatia calorosa, real e amistosa. Se formos frios, distantes e antipáticos, não atrairemos os outros.

A maneira como projetamos nossas ideias, nossa atitude, o espírito que irradiamos, nossa personalidade, tem tudo a ver com a proficiência conversacional. A impressão que causarmos será um fator imenso em nosso sucesso.

Recorde o nome das pessoas

Ao conhecer alguém, faça um esforço para decorar seu nome. Muitas vezes, os nomes são murmurados em uma apresentação, especialmente quando várias pessoas estão sendo apresentadas ao mesmo tempo. Se não ficar nítido, não é indelicado pedir que a pessoa o repita. Usar o nome durante a conversa ajuda a fixá-lo em nossa cabeça.

Siga estas sugestões:

- Determine qual parte do nome usar. Os norte-americanos geralmente usam o primeiro nome, a menos que o outro seja significativamente mais velho ou tenha mais autoridade. Nessa situação, use Sr./Sra. até que a pessoa lhe permita ser informal. Há outras culturas em que sempre se usa o tratamento formal, ou o título, como "Dr.", "Prof." etc. — a menos que o interlocutor dispense a formalidade;
- Crie uma imagem ligando o nome à pessoa. Não pense em palavras, pense em imagens;
- Se o nome for igual ou parecido ao de um parente, amigo ou alguém que você conheça, imagine-a com essa pessoa;
- Repita o nome na conversa, mas não exagere. Numerosas repetições parecerão deliberadas. Use o nome da pessoa mais ou menos uma vez em três a quatro minutos de conversa e quando se despedir;
- E o mais importante: repita o nome para si mesmo até decorá-lo.

Ter uma boa conversa

Lembre-se: o nome de uma pessoa é, para ela, o som mais doce e importante em qualquer idioma.

— DALE CARNEGIE

Aprenda sobre o outro

Quando conhecemos alguém, é importante obter o máximo de informações possível sobre essa pessoa. Uma maneira de fazer isso é por meio de perguntas. Mas não deve ser um interrogatório, apenas algumas perguntas bem escolhidas que vão fazer a bola rolar e a conversa fluir.

Esse é um processo delicado, pois não devemos ser intrometidos. Faça apenas as perguntas que forem apropriadas para a situação. Algumas perguntas são convenientes em uma conversa sobre negócios, outras em situações sociais etc.

Em uma situação social, perguntas sobre o bairro onde a pessoa mora, seus hobbies ou interesses, a família ou conhecidos mútuos muitas vezes é um bom começo. Outros temas bons são a escola ou faculdade, eventos recentes (mas cuidado com a política, para não provocar discussões) ou perguntas sobre um comentário que o outro fez. Também podemos elogiar o sapato, a blusa ou a bolsa (essa abordagem pode ser mais complicada ao falar com um homem).

Ao conhecer pessoas em um ambiente de trabalho, bons pontos de partida são perguntas sobre o setor e a empresa a qual a pessoa representa, notícias que afetam esse setor e perguntas sobre a natureza do trabalho ou carreira de seu interlocutor.

Não é necessário elaborar uma lista de perguntas. Durante a conversa, os comentários e respostas fluirão com facilidade.

Ouça de verdade!

Uma conversa é uma via de mão dupla. Uma mão é o que dizemos; a outra é o que o outro diz. Muitas vezes, estamos tão envolvidos no que estamos dizendo, ou pensando no que queremos dizer, que não damos a devida atenção ao que o outro está falando.

Suponha que alguém o procure com um problema e lhe peça ajuda. Talvez você comece ouvindo atentamente, mas, antes que perceba, começa a divagar. Em vez de ouvir o problema, você pensa na pilha de trabalho em sua mesa, no telefonema que ia dar quando a pessoa entrou em sua sala, ou na discussão que teve com a sua filha quando a levou à escola pela manhã. Você ouve as palavras, mas não as assimila.

Isso acontece com todos nós. Por quê? Nossa mente processa ideias consideravelmente mais rápido que nossa capacidade de falar. Quando alguém está falando conosco, nossa mente tende a avançar e nós completamos a frase do interlocutor na cabeça — às vezes corretamente, mas muitas vezes diferente do que ele pretende dizer. Ouvimos o que nossa mente dita, mas não o que é dito.

Assim é a natureza humana. Mas isso não é desculpa para ser um mau ouvinte. Faça o seguinte teste para avaliar seus hábitos e habilidades de escuta.

Ter uma boa conversa

quem você está conversando não é tão importante quanto a que está ligando. Se estiver esperando uma ligação importante, informe a pessoa que terá que atender se o telefone tocar e peça desculpas pela interrupção;
- Se não puder desligar o telefone, afaste-se dele. Vá para uma sala vazia, por exemplo;
- Esconda a papelada. Se sua mesa estiver cheia de papéis, você ficará tentado a olhar para eles e perderá o foco. Se for a uma sala de reunião, leve apenas o que for relacionado à conversa. Se precisar ficar à sua mesa, coloque os papéis em uma gaveta e desligue a tela para não ficar tentado a olhar. E lógico, não olhe o celular durante a conversa;
- Não fique muito à vontade. Robert L. conta uma situação embaraçosa: "Há alguns anos, eu estava falando sobre um evento com outro gestor. Como era meu costume, sentei em minha confortável cadeira executiva com as mãos atrás da cabeça. Talvez eu tenha piscado um pouco, mas, felizmente, percebi antes de cochilar. Desde então, em vez de ficar em uma posição relaxada quando estou conversando, faço questão de me sentar na ponta da cadeira e me inclinar para a frente, e não para trás. Essa posição não só me aproxima fisicamente do outro, como também me permite estar mais atento e me ajuda a manter contato visual. Também demonstra que estou realmente interessado em ouvir tudo e que levo o outro a sério. E como não estou tão confortável, a tendência a sonhar acordado é menor.";
- Não pense no que vai dizer. É tentador pegar um tópico do interlocutor e planejar como responder. Se fizer isso,

perderá muito do que estará sendo dito, em geral pontos importantes. Concentre-se no que é falado durante toda a conversa;
- Faça anotações. É impossível lembrar de tudo o que foi mencionado em uma longa conversa. Mas, mesmo usando taquigrafia, fazer anotações longas nos impede de ouvir completamente. Basta anotar palavras-chave ou frases, números ou fatos importantes, só o suficiente para ajudar a lembrar. Imediatamente após uma reunião, enquanto a informação ainda estiver fresca em sua cabeça, anote um resumo detalhado.

> *Ao lidar com pessoas, lembre-se de que você não está lidando com criaturas de lógica, e sim com criaturas de emoção.*
>
> — DALE CARNEGIE

Estilos de conversação

A maneira como nos comunicamos com os outros, seja em uma conversa individual ou ao falar com um grupo, pode influenciar como eles nos recebem. Podemos ser passivos, agressivos ou assertivos.

Algumas características manifestadas por pessoas passivas são:

- Preocupam-se mais com os outros, muitas vezes causando o próprio prejuízo pessoal;

Ter uma boa conversa

- São, com frequência, estressadas internamente, embora isso não seja óbvio para quem está à sua volta;
- Tendem a ter baixa autoestima;
- Preocupam-se mais em ser amados que respeitados;
- Ajudam as pessoas, mesmo às próprias custas;
- Assumem a culpa em vez de culpar os outros;
- Evitam o confronto;
- Quando uma ação for necessária, solicitam-na indiretamente, na forma de uma sugestão ou desejo.

O oposto do estilo passivo é a abordagem agressiva. Pessoas agressivas manifestam as seguintes características:

- São excessivamente egocêntricas;
- Muitas vezes são estressadas internamente;
- Não têm autoestima, mas não admitem isso nem para si;
- Em geral, os outros não gostam delas ou não as respeitam;
- Diminuem os outros com sarcasmo ou comentários depreciativos;
- Tentam controlar tudo e todos;
- Quando ocorrem erros ou falhas, colocam a culpa nos outros e nunca se consideram responsáveis;
- Gostam do confronto com pessoas com visões opostas e o buscam;
- Quando estão em posição de autoridade, insistem que outros o sigam;
- Muitas vezes são verbalmente abusivas com seus oponentes;

- Quando uma ação é necessária, apresentam tal necessidade em forma de uma demanda ou ordem.

Comunicadores eficazes seguem um caminho intermediário. São confiantes e assertivos.

- Defendem seus direitos, mas são sensíveis aos de seu interlocutor;
- Quando estressados, resolvem isso e depois seguem em frente;
- Têm uma autoimagem forte e positiva;
- São diretos e honestos;
- Conquistam o respeito das pessoas;
- Valorizam os outros;
- Assumem os próprios erros e falhas e esperam que os outros façam o mesmo;
- Não buscam o confronto. Quando os outros discordam, trabalham para persuadi-los de seu ponto de vista em uma conversa objetiva, não ameaçadora;
- Estão sempre dispostos a ouvir;
- Quando uma ação é necessária, declaram o que deve ser feito e trabalham com os outros para realizá-lo.

Não é fácil mudar nossa personalidade, mas se descobrirmos que temos um estilo de comunicação passivo ou agressivo tentaremos ser comunicadores melhores. Devemos fazer um esforço para alcançar uma abordagem assertiva e confiante.

Ter uma boa conversa

Conversas telefônicas

Toda vez que falamos ao telefone, causamos uma impressão na pessoa do outro lado da linha. Muitas vezes, a única imagem que essa pessoa terá de nós e de nossa empresa derivará dessa conversa. Na comunicação cara a cara, existem muitas ferramentas que nos ajudam a causar boas (ou más) impressões: expressões faciais, gestos e uso de adereços ou recursos visuais. Com o telefone, há apenas uma ferramenta: nossa voz. A maioria das pessoas não se ouve como os outros a ouvem. A melhor maneira de saber é gravar várias chamadas telefônicas e analisá-las depois. O mais importante é a nossa voz. Ouça essas gravações e faça as mudanças necessárias para melhorar a qualidade de suas conversas telefônicas.

Observe que algumas pessoas têm o hábito de falar muito alto ao celular. Pergunte a seus amigos se você faz isso e, em caso afirmativo, fique muito atento ao volume de sua voz quando estiver em uma ligação de trabalho.

Atitude

Uma das principais características de uma conversa efetiva é a simpatia. Quando ouvimos gravações de nós mesmos no telefone, parecemos simpáticos, abruptos ou irritados? Às vezes, a ligação chega em um momento inoportuno, quando um chefe exigente está nos pressionando, ou estamos tentando cumprir um prazo, ou há uma crise no departamento, mas nosso interlocutor não sabe (nem se importa). Precisamos de disciplina para tirar da cabeça tudo que não seja esse telefonema. Afaste-se do computador durante a chamada. Se ficar no Facebook enquanto fala, mesmo que se considere uma pessoa multitarefa hábil, na verdade estará dando pouca atenção às duas coisas.

Se estiver chateado com alguma coisa, respire fundo, relaxe os músculos e esvazie a cabeça antes de atender ao telefone. Fique calmo, esteja atento e a impressão que quer causar — interesse genuíno no que o outro está dizendo — será projetada.

Boas maneiras ao receber uma chamada

Atenda ao telefone prontamente. Em uma situação de trabalho, o telefone não deve tocar mais de três vezes antes de ser atendido. Se estiver em outra chamada, use a caixa postal ou coloque a primeira chamada em espera, atenda à outra e peça à pessoa para aguardar uns minutos; ou pegue o número e ligue de volta. Se pretender ficar longe de sua mesa por mais de alguns minutos, peça a alguém para atender às chamadas ou configure a caixa postal para atender no terceiro toque.

Identifique-se imediatamente. Em vez de dizer "alô", diga "departamento de engenharia, Sam Johnson". Não podemos presumir que a pessoa que está ligando sabe quem somos. Se não conhecer a pessoa, pergunte o nome. Se for um nome

Ter uma boa conversa

incomum, pergunte como se escreve e anote-o. Ao responder, use o nome da pessoa. Demonstre interesse sincero nela e em seu problema. Se não puder fornecer respostas em poucos minutos, é melhor avisar que ligará de volta em vez de deixá-la em espera por muito tempo. Se a pessoa preferir esperar ou se você demorar mais que o previsto para responder, volte à chamada com frequência para que ela saiba que não foi abandonada.

Uma das coisas mais irritantes é quando ligamos para uma empresa, a pessoa nos informa que vai transferir a ligação e, logo em seguida, ela cai. Se for necessário transferir uma chamada, sempre informe à pessoa para quem será transferida e forneça o ramal ou o número (se for diferente do seu). Também é bom pegar o número dela, para que, caso a ligação caia, você possa ligar de volta.

Responda não apenas às perguntas diretas, mas também às implícitas. Quando Madeline ligou para a UPS para reclamar sobre o recebimento de uma mercadoria danificada, ficou chateada quando foi informada de que deveria devolvê-la pela empresa de logística. O operador do atendimento ao cliente entendeu sua preocupação e disse a Madeline que ela não precisava ir até o centro de distribuição da UPS, pois eles providenciariam a retirada do pacote em sua casa. Ao ouvir sua interlocutora e responder a sua preocupação, o atendente não apenas deixou a cliente mais tranquila, como também fez uma cliente fiel para a empresa.

Boas maneiras ao fazer uma chamada

O início e o fim de uma conversa telefônica são pontos críticos. Comece a ligação com uma atitude de boas-vindas que mostre que é um prazer conversar com a pessoa e agradeça sua disposição para falar. Se não conhecer a pessoa, apresente-se e diga o motivo da ligação.

"Bom dia, Sra. Samuels. Como você tem filhos em nossa escola, sei que está preocupada com a qualidade da educação em nosso distrito. Sou Blanche H., gerente de campanha de Diane McGrath, que está concorrendo à presidência do conselho escolar."

Depois de se apresentar, ouvir e responder às perguntas, conclua de forma positiva. "Obrigada por sua atenção. Espero vê-la na reunião do conselho na próxima terça-feira."

Planeje todas as chamadas antes de pegar o telefone. Se tiver que abordar vários itens, faça uma lista e anote os pontos principais de cada um. Siga o plano ao falar e a ligação será realizada de forma mais eficaz e em menos tempo.

Pode parecer um conselho desnecessário, mas ouça de verdade o outro. As respostas de seu interlocutor podem tornar necessário ajustar seu plano original. Faça perguntas e preste atenção nas respostas. Isso vale para todas as comunicações, mas é ainda mais valioso ao telefone, porque não temos a vantagem de observar os sinais não verbais que ocorrem quando conversamos com alguém pessoalmente. Aprenda a ler as nuances das mudanças de inflexão e tom de voz. Pense na mensagem que pretende passar do ponto de vista do ouvinte.

Ter uma boa conversa

Conversa fiada

Só por ser superficial, a conversa fiada não deixa de ser importante. Esse estilo de conversa não profissional tem o potencial de construir conexões e se tornar a base para relacionamentos contínuos.

Ter o hábito de "jogar conversa fora" não requer um conhecimento exaustivo dos eventos atuais. Requer simplesmente a capacidade de despertar o foco do outro nos temas favorito dele e fazer perguntas que indiquem seu interesse. Falar sobre o clima pode quebrar o gelo. Um papo superficial antes de uma conversa profissional é uma maneira infalível de construir um relacionamento.

Linguagem corporal

Todos nós transmitimos informações e outras coisas além das palavras que usamos. O que dizemos muitas vezes é modificado pela maneira como usamos o corpo, as expressões faciais, os gestos — a maneira como nos sentamos ou ficamos em pé transmite significado.

Não seria ótimo se pudéssemos comprar um dicionário de linguagem corporal para pesquisar o significado de cada gesto ou expressão? Assim, poderíamos interpretar o que todo mundo realmente está dizendo.

Algumas pessoas tentaram escrever esses "dicionários". Listam uma variedade de "sinais" e apresentam seu significado.

Por exemplo, a pessoa esfrega o queixo. O que isso significa? "Ah! Eu sei que está ponderando a situação." Na verdade, ela pode muito bem estar pensando, mas também pode significar que não se barbeou de manhã e seu queixo está coçando.

A pessoa à nossa frente está sentada com os braços cruzados. Alguns "especialistas" interpretam isso como uma atitude de contenção, de bloqueio, rejeição. Absurdo! Observe uma sala cheia de alunos, uma palestra ou uma peça de teatro. Você notará que boa parte dessas pessoas estará sentada de braços cruzados. Isso significa que eles estão rejeitando o professor ou os atores? Óbvio que não. É uma maneira confortável de se sentar e, quando estamos com frio, nos mantém aquecidos. Por outro lado, se no meio de uma conversa o outro cruzar os braços de repente, pode significar que nesse momento ele está discordando de nós.

Não existe linguagem corporal universal

Embora não exista uma linguagem corporal simples e universal, é possível ler a linguagem do corpo. Cada um tem sua maneira de expressar ideias, sentimentos e respostas não verbalmente.

Por quê? Porque a linguagem corporal é uma característica adquirida. Temos a tendência de imitar outras pessoas. Começa com nossos pais e muitas vezes está intimamente ligado à nossa origem étnica. Dois meninos nasceram em Detroit, Michigan, mas seus pais são de países diferentes. Uma família veio de um país onde a maneira usual de se expressar é com gesticulação. Não dá para falar esse idioma sem usar as mãos. A outra família

Ter uma boa conversa

veio de um país onde ninguém gesticula, exceto em situações muito emotivas. Os dois garotos se conheceram na escola. O primeiro estava falando de seu jeito normal — mexendo as mãos descontroladamente. O segundo menino pensou: *Nossa, como está animado!* Mas respondeu de seu jeito calmo de sempre e o primeiro menino pensou: *Ele não está interessado.*

Um padrão semelhante pode ser determinado por hábitos familiares. Na família de Chelsea, as pessoas respondem com frequentes acenos de cabeça. A maioria das pessoas interpretaria isso como anuência. Mas, como Chelsea apontou quando foi questionada sobre isso, para eles isso só significava que estavam ouvindo.

Estude as pistas não verbais de cada pessoa

Sendo a linguagem corporal um aspecto importante da comunicação, existe alguma maneira de aprender a lê-la? Não existe uma abordagem cem por cento precisa para ler a linguagem corporal. A única maneira de obter uma interpretação razoavelmente boa das ações e reações não verbais de alguém com quem nos comunicamos é conhecendo a pessoa. Quando lidamos com os mesmos indivíduos repetidamente, pela observação cuidadosa podemos aprender a ler sua linguagem corporal. Notamos que, quando Claudia concorda conosco, ela tende a se mover para a frente e, quando Paul concorda, inclina a cabeça para a direita. Notamos que Kat assente independentemente do que digamos, mas quando não tem certeza de alguma coisa fica com um olhar perplexo, mesmo que esteja balançando a cabeça.

Gravando na mente as reações das pessoas com quem nos comunicamos, seremos capazes de entender suas pistas não verbais e interpretá-las de modo adequado. Depois de um tempo, notaremos que alguns gestos ou expressões são mais comuns entre as pessoas com quem nos comunicamos. A partir disso, poderemos fazer generalizações e extrapolá-las às conversas com outras pessoas, mas é preciso ter cuidado para não dar muito crédito a essas interpretações enquanto não tivermos mais experiência com esses indivíduos.

Quando a linguagem corporal parece contradizer ou distorcer o significado das palavras ditas, ou quando não souber o que o sinal significa, pergunte. Faça com que a pessoa comunique verbalmente o que significa. Com boas perguntas, podemos acabar com as dúvidas.

> *A linguagem corporal é uma ferramenta muito poderosa. Já a usávamos antes de falar e, aparentemente, oitenta por cento do que entendemos de uma conversa são lidos no corpo, não nas palavras.*
>
> — DEBORAH BULL, DANÇARINA E ESCRITORA BRITÂNICA

Avaliação da eficácia de uma conversa

Para avaliar como empregar os conselhos deste capítulo, analise conversas recentes, sejam pessoalmente ou por telefone. Você:

- Sorriu? Mesmo ao telefone, o sorriso se reflete em nossa voz e atitude.
- Usou conversa fiada para quebrar o gelo?
- Lembrou e usou o nome da pessoa?
- Fez conexão com seu interlocutor observando seus traços, valores ou realizações?
- Definiu um terreno comum?
- Mostrou respeito pelo tempo de seu interlocutor?
- Mostrou sensibilidade para com questões de diversidade e evitou assuntos polêmicos?
- Demonstrou um desejo sincero de saber mais sobre seu interlocutor fazendo perguntas ponderadas?
- Ouviu com atenção e focou no que seu interlocutor estava dizendo?
- Perguntou como poderia ajudar?
- Falou sobre os interesses de seu interlocutor?
- Disse algo de interesse que talvez seu interlocutor ainda não saiba?
- Fez um elogio sincero e mostrou o motivo para tal afirmação?

Resumo

O que fazer para manter uma boa conversa:

- Esteja preparado. Um bom conversador envolve seus ouvintes e estimula a conversa;

- Aprimore suas habilidades de conversação acompanhando as tendências e os eventos atuais;
- Decore o nome da pessoa com quem está falando e use-o na conversa;
- Faça contato visual. Olhar diretamente para o outro é uma indicação de que estamos ouvindo. Mas não fique encarando. Mova os olhos para que possa observar o rosto inteiro;
- Fale de forma objetiva e audível. Se o tempo todo nos pedem para repetir o que dissemos, é porque não estamos falando nitidamente. Grave e ouça suas conversas para saber se é fácil ouvir e entender sua fala;
- Use linguagem e imagens familiares ao ouvinte. Tiramos mais proveito de uma conversa com alguém que fala e pensa como nós do que com alguém que usa o vocabulário de maneira diferente;
- Use o estilo de linguagem de seu interlocutor. Use palavras e inflexões diferentes ao falar com colegas de trabalho ou quando conversar com um adolescente na rua;
- Atenha-se ao tema. Ladrões de conversas são pessoas que entram em nossa história para atrair o foco para si ou para algo sobre o qual sabem mais;
- Saiba quando falar e quando ouvir. Conversar é dar e receber. Cada interlocutor precisa falar e ouvir. Participe, mas não monopolize a conversa;
- Expresse interesse no que está sendo dito. Assinta, comente ou pergunte quando apropriado;
- Faça perguntas para promover a comunicação; ou seja, perguntas que exijam mais que sim ou não como resposta.

Ter uma boa conversa

O que não fazer para manter uma boa conversa:

- Não fale muito rápido nem muito devagar. Quem já conversou com pessoas que falam muito rápido sabe que não dá para acompanhar; ou quando elas falam muito devagar, já esquecemos o assunto quando terminam de se expressar;
- Não murmure nem engula as palavras;
- Não fale nem muito baixo nem muito alto. Avalie o volume pela proximidade ou distância de seu interlocutor;
- Não monopolize a conversa. Dê a seu interlocutor a chance de falar;
- Não fique se gabando. Uma conversa deve ser um intercâmbio de ideias e pensamentos, não uma massagem no ego;
- Não interrogue. As perguntas devem ser feitas de maneira simpática, não agressiva. Use perguntas abertas para que seu interlocutor possa expressar suas ideias livremente;
- Não interrompa. Deixe seu interlocutor terminar de falar antes de tomar a palavra;
- Não fale por cima de seu interlocutor. Falar enquanto o outro ainda está falando é indelicado e nos faz perder o foco;
- Não feche a mente para o que está sendo dito. Mente aberta é essencial para entender o ponto de vista do outro.

Para ser um ouvinte eficaz:

- Ouça com empatia. Tente sentir o que seu interlocutor está sentindo quando fala;
- Retire todas as distrações. Desligue o telefone, tire da frente todos os papéis não pertinentes à conversa;
- Assegure-se de que entendeu reformulando o que ouviu. Elucide suas dúvidas depois de seu interlocutor falar;
- Tente de verdade ver as coisas do ponto de vista de seu interlocutor;
- Não tire conclusões precipitadas nem faça suposições. Mantenha uma atitude aberta e de aceitação;
- Dê importância a suas expressões faciais. Sorria ou demonstre preocupação quando apropriado;
- Indique que está acompanhando a conversa por meio de assentimento ou gestos;
- Faça perguntas sobre o que está sendo dito. Pode parafrasear: "Pelo que entendi você...", ou fazer perguntas específicas sobre pontos específicos. Isso também nos mantém alertas e atentos;
- Não interrompa! Uma pausa não deve ser interpretada como o momento para começarmos a falar. Espere até ter certeza de que seu interlocutor concluiu sua fala;
- Observe a linguagem corporal de seu interlocutor.

PASSO 5

Falar em público com confiança e convicção

Pesquisas mostram que falar em público é o maior medo das pessoas. Felizmente, é um medo que pode ser superado com facilidade.

Estruturando a apresentação da informação

Uma apresentação inovadora manterá o público curioso, mas é melhor guardar a inovação para o assunto. Para elaborar a apresentação, seguir uma estrutura tradicional ajuda a garantir o sucesso.

Introdução: apresentação do tema

A introdução, na qual apresentamos o tema, deve ser breve e objetiva. Não deve deixar dúvidas no ouvinte quanto ao tema da apresentação, especialmente quando ela fizer parte de uma série de apresentações, como uma reunião de equipe ou um treinamento de um dia inteiro.

Mensagem-chave: resultado esperado

Quer dizer dar ao público uma imagem objetiva do ponto principal da apresentação. Deve ser simples, direta e informar sua finalidade, respondendo à pergunta: "Por que devo ouvir esta apresentação?"

A seguir, devemos expor, em linguagem direta, as ações centrais e os resultados esperados. Em geral, para expor o que temos a dizer, quanto menos palavras, melhor. Para enfatizar nossa mensagem-chave, nós a reforçamos sucintamente, ou após apresentar os pontos principais, enfatizamos o resultado final desejado. Isso ajuda nossos ouvintes a lembrar nossa mensagem muito tempo depois da apresentação.

Tipos de evidência

Uma vez que dizemos ao nosso público o que queremos transmitir, temos de apresentar evidências para sustentar

PASSO 5

Falar em público com confiança e convicção

Pesquisas mostram que falar em público é o maior medo das pessoas. Felizmente, é um medo que pode ser superado com facilidade.

Estruturando a apresentação da informação

Uma apresentação inovadora manterá o público curioso, mas é melhor guardar a inovação para o assunto. Para elaborar a apresentação, seguir uma estrutura tradicional ajuda a garantir o sucesso.

Introdução: apresentação do tema

A introdução, na qual apresentamos o tema, deve ser breve e objetiva. Não deve deixar dúvidas no ouvinte quanto ao tema da apresentação, especialmente quando ela fizer parte de uma série de apresentações, como uma reunião de equipe ou um treinamento de um dia inteiro.

Mensagem-chave: resultado esperado

Quer dizer dar ao público uma imagem objetiva do ponto principal da apresentação. Deve ser simples, direta e informar sua finalidade, respondendo à pergunta: "Por que devo ouvir esta apresentação?"

A seguir, devemos expor, em linguagem direta, as ações centrais e os resultados esperados. Em geral, para expor o que temos a dizer, quanto menos palavras, melhor. Para enfatizar nossa mensagem-chave, nós a reforçamos sucintamente, ou após apresentar os pontos principais, enfatizamos o resultado final desejado. Isso ajuda nossos ouvintes a lembrar nossa mensagem muito tempo depois da apresentação.

Tipos de evidência

Uma vez que dizemos ao nosso público o que queremos transmitir, temos de apresentar evidências para sustentar

Falar em público com confiança e convicção

nossa mensagem. Há várias formas de fazer isso. Para fundamentar nossas palavras, podemos recordar o que ouvimos advogados usarem no tribunal em filmes ou programas de TV. (Ou na vida real, se você for advogado ou já assistiu a um julgamento.) Fatos e estatísticas são evidência, como:

- Analogias são utilizadas para comparar nosso tópico com algo que todos os membros da audiência entenderão;
- Depoimentos são declarações de quem está familiarizado com o assunto ou sobre algum aspecto dele;
- Demonstrações, com as quais mostramos ao público como algo aconteceu ou poderia ter acontecido — "lembram-se de Atticus Finch jogando a bola para Tom Robinson em *O sol é para todos?*";
- Exemplos, como histórias que mostram nosso tema aplicado, são uma maneira envolvente de dar vida ao conteúdo exposto;
- Exposições são recursos visuais auxiliares que explicam as informações que tentamos transmitir de uma forma que o público possa se identificar. As apresentações são mais interessantes e envolventes quando encontramos maneiras de usar recursos visuais para expor nossos pontos de vista. Transformar dados em um gráfico ou tabela torna nossa mensagem mais rápida e facilmente compreendida, mas diagramas e fotografias atraem a atenção dos ouvintes. Folhetos, por exemplo, são uma maneira de tornar as informações acessíveis ao público após uma apresentação;
- *Flip charts* (ou blocos de cavalete) ou quadros brancos são recursos visuais simples para aprimorar nossas apresen-

tações. Ao ilustrar os assuntos discutidos, a apresentação se torna muito mais eficaz. As pessoas tendem a aprender mais rápido e lembrar por mais tempo um assunto quando a escuta é enriquecida com imagens.

Um dos professores mais populares da Escola de Jornalismo da Universidade de Syracuse também era cartunista. Ele desenhava caricaturas enquanto dava aula. Seus colegas debochavam dessa prática e a consideravam pouco profissional. "Ele fica divertindo os alunos, não ensinando", alegavam. Sim, seus alunos achavam divertido, mas absorviam muito mais informações do que nas outras matérias. Anos depois, eles ainda recordam seus ensinamentos.

Existem muitos tipos de recursos visuais, por exemplo:

- Tabelas;
- Gráficos;
- Fotografias;
- Diagramas;
- Folhetos;
- Maquetes;
- Vídeos.

O recurso visual que usaremos dependerá do tipo de público. Para pequenos grupos, tabelas, gráficos, diagramas e similares podem ser afixados nas paredes da sala ou expostos em um cavalete. Os vídeos podem ser exibidos em uma tela de TV pequena ou no PowerPoint em um notebook ou computador. Quadros brancos podem ser usados quando apropriado.

Recursos visuais também podem ser usados em uma comunicação entre apenas duas pessoas. Ao treinar seu pessoal para lidar com sinistros de seguros, Joan descobriu que o processo era muito mais fácil de entender quando ela desenhava o fluxograma conforme o descrevia. Enquanto explicava cada fase, ela ia desenhando cada passo e usando setas para mostrar o movimento de um a outro.

Steve, gerente de armazém, aprendeu com uma experiência difícil que dizer a seus funcionários como fazer o trabalho não era suficiente. Se não percorresse com seus aprendizes todo o armazém, eles tinham dificuldade de entender o que era explicado. Mas isso era muito demorado. Portanto, ele simplificou o treinamento criando uma maquete do armazém para orientar seus funcionários enquanto explicava o trabalho de cada um.

Para públicos maiores, tabelas, gráficos, fotos e materiais relacionados podem ser exibidos no PowerPoint. Vídeos ou slides podem ser projetados em uma tela grande. Tabelas com estatísticas e gráficos com muitos números ficam mais bem apresentados em folhetos.

Sua apresentação será mais interessante e persuasiva se usar vários tipos de evidências para dar suporte à sua mensagem. *Encerre* reafirmando a mensagem principal. Reitere o que quer que os participantes façam:
  º Realizar uma ação específica;
  º Treinar uma técnica nova;
  º Preparar um planejamento para implementar os pontos discutidos;
  º Treinar outras pessoas das áreas abordadas na apresentação;
  º Outras ações pertinentes.

10 passos para uma vida de realização

Ao resumir nossos pontos principais, deixamos uma impressão final objetiva e memorável. Se for abrir um espaço para perguntas, repita o resumo depois. Por fim, ao concluir, agradeça ao público pela atenção e pelo comprometimento.

Estruturando uma apresentação persuasiva

Talvez sua apresentação tenha como objetivo levar os ouvintes a fazer algo específico, ou a sair da sala com uma crença específica. Para isso, você pode modificar o esboço apresentado anteriormente usando os três componentes seguintes. É um guia de apresentação de conteúdo que ajuda a assegurar que nossa fala seja um discurso vibrante e contundente.

1. Incidente: citar um incidente ou um caso que ilustre o tema é uma maneira infalível de obter e manter a atenção dos ouvintes;
2. Ação: aponte qual ação quer que o público tome;
3. Benefícios: conclua mostrando como essa ação beneficiará a todos os presentes.

Incidente

Ao fazer sua apresentação, quase sempre é bom começar com um incidente, que deve se basear em uma experiência que nos ensinou algo. Isso captura a atenção imediata de nossos ouvintes e torna nossa comunicação mais descontraída.

Ação

O segundo componente da fórmula mágica, a *ação*, é o que queremos que o público faça. Pode ser para nosso produto, escrever para um deputado, parar de fumar, ou apenas pensar mais sobre um assunto. Ao usar a fórmula mágica, tenha o cuidado de apresentar as etapas de ação e os benefícios de maneira breve, objetiva e específica. Lembre-se de que sua fala deve comunicar que ação quer que seus ouvintes tomem. Quanto mais específico, melhor. Para se comunicar bem, identifique uma ação e um benefício específicos.

Benefícios

A terceira parte da fórmula mágica é o *benefício* que os ouvintes receberão ao fazer o que se pede no passo de *ação*.

Por exemplo: "Usando este componente, reduziremos o tempo gasto e o custo de fabricação do (nome do produto)"; "Parar de fumar não apenas nos tornará mais saudáveis e nos permitirá viver mais, como também protegerá nossa família do perigo do fumo passivo".

Usando a fórmula para obter vantagem

Nossa capacidade de inspirar outras pessoas a agir ou adotar uma crença depende, em grande parte, de nossa habilidade de nos comunicar do ponto de vista de nossos ouvintes. No início da apresentação, devemos desenvolver a confiança de nosso público. Obter atenção favorável e estabelecer a necessidade de levar em conta um novo comportamento ou crença deve acontecer depressa. O uso de um incidente é uma maneira eficaz para isso. Para ser persuadido a fazer uma determinada coisa, o público deve ver evidências que sustentam a necessidade declarada de ação. O público não deve sentir que está sendo levado a um determinado comportamento ou crença; ele deve entender isso como a opção lógica.

Após estabelecer a necessidade da ação, ilustre as vantagens e desvantagens de cada alternativa, tendo o cuidado de assegurar que essa análise coincida com o ponto de vista dos ouvintes e que seja comunicada de forma crível e equilibrada.

Conclua com evidências para justificar o que acreditamos ser a melhor alternativa e declare qual ação tomar ou crença adotar, e qual seria o benefício para o público. Assim, vai inspirar nossos ouvintes a adotar a conduta ou entendimento específico que produzirá os resultados desejados.

Para preparar uma apresentação persuasiva, devemos ter o objetivo em mente — a ação que queremos que nossos ouvintes tomem — e trabalhar a partir daí. Para fazer a apresentação, mostramos um exemplo ou incidente que chamará a atenção e preparará o caminho para a ação desejada. Ao reconstruir vividamente um incidente, podemos fazer dele a base para influenciar a conduta dos outros. Será a evidência que convencerá o público a agir. Ao comunicar um exemplo, devemos recriar um segmento de nossa experiência que faça os ouvintes sentirem o mesmo que nós vivenciamos. Isso vai nos preparar para esclarecer, intensificar e dramatizar nossos argumentos de maneira que os tornará interessantes e atraentes para nossos ouvintes.

Para isso acontecer, devemos pesquisar o máximo de informações possível. Um bom comunicador deve saber dez vezes mais sobre o assunto que apresentará, coletar evidências para dar suporte a seus argumentos e, por fim, preparar o encerramento. Está provado que a maneira de encerrar uma apresentação é um dos melhores motivadores dos ouvintes para a ação. Você verá que finalizar com os benefícios — do ponto de vista do público — produz resultados favoráveis.

Oradores que falam sobre o que a vida lhes ensinou nunca deixam de cativar a atenção de seus ouvintes.

— DALE CARNEGIE

Como preparar e ministrar palestras

Aqui estão sete princípios que lhe ajudarão na preparação de palestras:

10 passos para uma vida de realização

1. Se tiver que escolher o tema, por exemplo, para dar uma palestra na escola de seu filho, uma reunião de uma associação comunitária ou em qualquer outro grupo, o melhor caminho é falar de um tema que domina. Fale sobre algo que despertou seu interesse, sobre algo que você tenha um profundo desejo de comunicar. Quando o assunto nos interessa, nosso entusiasmo é transmitido ao público;
2. Se tiver medo de esquecer o que dizer em uma palestra mais longa, faça anotações breves antes de começar e dê uma olhada nelas de vez em quando;
3. Não redija as palestras, se fizer isso, usará linguagem escrita em vez de uma linguagem fluida e coloquial; quando se levantar para subir ao palco, vai ficar tentando lembrar o que escreveu, e isso o impedirá de falar com naturalidade;
4. Nunca, jamais decore palavra por palavra. Se decorar a palestra, é quase certo que a esquecerá. Além disso, o público vai ficar feliz, pois ninguém gosta de ouvir um discurso engessado. E, mesmo que não a esqueça, vai parecer artificial. Seu olhar e sua voz serão distantes.
5. Use imagens e exemplos. De longe, a maneira mais fácil de tornar uma palestra interessante é contar histórias, e ilustrá-las faz diferença. Conte sobre alguém que aplica aquilo de que você está falando. Dê exemplos específicos que aprendeu em suas pesquisas;
6. Torne-se uma autoridade no assunto. Desenvolva esse bem inestimável conhecido como *poder de reserva*. Saiba dez vezes mais sobre o assunto do que será usado na palestra;

Falar em público com confiança e convicção

7. Ensaie a palestra conversando com amigos. Não precisa necessariamente fazer um ensaio geral, mas explore os argumentos do tema que apresentará para ver a reação deles. Isso lhe permitirá ver como suas piadas serão recebidas e quais partes despertam o interesse das pessoas. Em um "teste" com amigos, poderá haver reações que não existiriam se ensaiasse na frente do espelho.

Use o corpo quando fala

Para comunicar de forma eficaz, devemos usar mais do que a voz. Devemos também usar animação física ou gestos — em outras palavras, o corpo todo. Gestos naturais, vigorosos e espontâneos são poderosos por duas razões: estimulam e inspiram o orador e nos fazem despertar, nos soltam e relaxam. Usando gestos, nos deixamos levar física, mental e emocionalmente. Eles também impactam os ouvintes; seu efeito emocional é óbvio e, às vezes, até dramático. Basta pensar em alguns dos grandes comunicadores do mundo. Em quase todos os casos, o uso de gestos naturais e espontâneos contribui para a eficácia do orador e o impacto de sua mensagem.

Conectando-se com o público

Palestrantes profissionais levam em consideração seu público ao planejar uma palestra. Um dos maiores desafios de ser um bom orador é ter certeza de que não estamos falando acima ou abaixo do nível de conhecimento e experiência de quem nos ouve. As audiências têm indivíduos com diversos níveis de experiência, e isso torna nossa tarefa ainda mais desafiadora.

Pesquise sobre o conhecimento de seu público

Ao planejar uma apresentação, devemos fazer de tudo para saber o máximo sobre a familiaridade do público com o assunto. Não presuma que a plateia já conheça jargões, abreviações ou gírias da área ou da empresa. Não toma muito tempo definir brevemente os termos quando os apresentar. E se usar palavras, em vez de siglas ou abreviações, garantirá que todo o seu público entenda a mensagem.

E não esqueça que, a menos que esteja conduzindo um treinamento que exige instruções detalhadas, o público em geral não precisa de todos os fatos e números, apenas os relevantes para ele. O desafio é encontrar uma maneira de restringir o assunto à apresentação específica e fornecer ao público informações suficientes, e nada mais, dentro do prazo estipulado.

Antes de começar a fazer anotações para sua palestra, você precisa obter respostas para as seguintes perguntas:

- Esse público tem conhecimento sobre o meu tema?
- Estou falando, por exemplo, com técnicos, usuários ou ambos?

Falar em público com confiança e convicção

- Preciso fornecer informações básicas ou esse público conhece o contexto de minha apresentação?
- Que experiência ou conhecimento anterior meu público tem acerca do tema?
- Esse tema é algo com que lidam diariamente ou é novo para eles?
- Se eles têm experiência com o tema, têm problemas ou preocupações relativos a isso que gostariam que fossem abordados?
- Há alguma razão para eu acreditar que meu público tem um forte sentimento sobre o tema?
- Se existem problemas, que atitudes são apresentadas por esse público?
- Que problemas ou críticas já surgiram com esse público em relação ao tema?
- Quais personalidades estarão presentes que possam ter um viés pessoal a favor ou contra minha mensagem-chave?
- É um grupo que precisa de todos os detalhes que eu possa fornecer ou está apenas procurando um resumo?
- Quanto esse grupo será impactado por minha mensagem? Quanta mudança exigirá dele?
- Há questões de segurança ou políticas em minha mensagem que exigem informações detalhadas para o público?

Doze maneiras de fazer seus ouvintes gostarem de você

Para conquistar uma audiência, nossos ouvintes devem gostar de nós. Aqui estão 12 princípios testados para conquistar ouvintes e influenciar o público:

10 passos para uma vida de realização

1. Considere-se honrado por ser um convidado palestrante e expresse isso!
Independentemente do tamanho ou tipo de grupo, ser convidado é sempre uma honra. E é uma questão de cortesia e boas maneiras reconhecer isso, além de um jeito de mostrar que somos todos iguais ali.

2. Demonstre valorização sincera de seus ouvintes.
Nunca fale diante de um grupo sem antes descobrir o máximo possível sobre ele. E ao iniciar, dedique alguns segundos para citar algumas qualidades dele, boas ou incomuns, que o deixa orgulhoso de ter sido escolhido para palestrar.

3. Sempre que possível, mencione o nome de alguns ouvintes.
O nome de uma pessoa é o som mais doce para ela em qualquer idioma; por isso, *sempre que possível,* mencione o nome de algumas pessoas da plateia. Note que quando políticos falam em uma reunião, quase sempre mencionam o nome das autoridades presentes.

4. Seja modesto, não arrogante!
A modéstia inspira confiança e boa vontade. Abraham Lincoln, por exemplo, era um mestre nisso. Uma noite, durante os debates Lincoln-Douglas, Lincoln recebeu uma serenata de uma banda de metais e, quando saiu à varanda mal iluminada do hotel para falar com os músicos, alguém ergueu uma lanterna para que a multidão pudesse ver o rosto sem graça de Lincoln. Ele começou dizendo: "Meus amigos, quan-

to menos me virem, mais gostarão de mim." Lincoln conhecia a sabedoria daquele conselho bíblico: "Aquele que se humilha será exaltado."

5. Diga "nós", não "vocês".
Nunca adote uma abordagem exclusiva em relação aos ouvintes. Puxe todos para a conversa usando "nós". Por exemplo, se disser "às vezes, *vocês* estão tão preocupados que não têm tempo de pensar em *seus* problemas", pode passar a impressão de que aquilo não é uma palestra, e sim um sermão. Em vez disso, diga "às vezes, *estamos* tão preocupados que não temos tempo de pensar em *nossos* problemas". Vê a diferença? Ao usar "vocês", você implicitamente se distancia do público e pode ser percebido como arrogante.

6. Não fale com uma expressão carrancuda e em tom de censura.
Lembre-se de que nossa expressão facial e o tom de voz falam mais alto que nossas palavras. Independentemente de estarmos falando em público ou em uma conversa privada, não dá para fazer amigos com uma carranca e uma voz de repreensão.

7. Fale dos interesses de seus ouvintes.
Todos os ouvintes estão intensa e eternamente interessados em si mesmos e em como resolver seus problemas. Portanto, se lhes mostrarmos como ser mais felizes, como ganhar mais dinheiro, como parar de se preocupar e como conseguir o que querem, eles ouvirão com prazer.

Por exemplo, quando perguntaram a uma médica pesquisadora como fazia amigos com tanta facilidade e como se tornara uma interessante conversadora, ela relatou que perguntava às pessoas: "Como você começou a trabalhar com isso?" Então, ela focava sua conversa na resposta que recebia. Declarou que essa simples pergunta lhe fizera maravilhas, especialmente com estranhos. Antes de se dirigir a um grupo, descubra quais são as principais preocupações dele e faça alusão a elas na palestra.

8. Curta a palestra.

Se não gostamos de falar, como podemos esperar que alguém goste de nos ouvir? Não importa quais sejam nossas atitudes mentais e emocionais, elas são contagiosas. Se nos divertimos falando, cantando ou patinando, as pessoas que estão nos assistindo ou ouvindo também vão se divertir. Atitudes emocionais são contagiosas.

Talvez alguém pergunte: "Como posso me divertir fazendo uma palestra?" O segredo é simples: fale sobre algo que domine, que desperte o brilho em seus olhos e emoção em sua voz.

9. Não se desculpe.

Todo mundo já ouviu oradores começando assim: "Eu só soube que teria que dar esta palestra duas semanas atrás, quando me avisaram que eu teria que substituir o presidente." E "Não estou acostumado a falar em público..."? Essas pessoas estão se desculpando antes mesmo de começar. Nunca devemos aceitar um convite se não pudermos nos preparar.

Se fizermos o melhor que pudermos, desculpas não serão necessárias. E se não, não haverá desculpas aceitáveis. Desculpas, em geral, são um desperdício irritante de tempo do público.

Porém se estiver atrasado por causa de voos ou por alguma razão igualmente válida, explique as circunstâncias brevemente, peça desculpas de forma educada e continue a palestra para não perder mais tempo.

10. Apele para as emoções mais nobres do público.

Inspirar um público provocando suas emoções mais elevadas não é fácil. Nós mesmos devemos, primeiro, estar profundamente comovidos. Para convencer os outros de nosso modo de pensar, mostre como suas ideias permitirão que eles participem da reparação do mundo. Dê exemplos.

Quando Susan Earl estava solicitando contribuições para uma instituição de caridade, a Heifer International, explicou às pessoas que uma pequena contribuição permitiria à organização doar uma cabra para uma família na Índia, que forneceria leite para as crianças e uma pequena renda com a venda do excedente.

11. Seja sincero.

Toda a eloquência do mundo não compensará a falta de sinceridade e integridade. Para que o público goste de nós, devemos inspirá-lo com confiança em nossa honestidade. Eles podem não concordar com nossas ideias, mas precisam respeitar nossa *crença* nessas ideias para que sejamos eficazes.

Receba bem as críticas e responda com respeito e humildade. O que *somos* fala mais alto que o que dizemos. Sinceridade, integridade, modéstia e altruísmo afetam profundamente uma audiência. Preferimos um orador sem jeito que irradia honestidade e altruísmo a um orador polido que tenta nos impressionar com sua eloquência.

12. Organize suas ideias com cuidado.

Todo mundo já passou pela experiência de ouvir palestrantes que não organizaram seu material e ficaram pulando de um ponto a outro aleatoriamente, deixando o público confuso e desinteressado. Dedique tempo para organizar o material para que tenha lógica e seja fácil de acompanhar. Isso não apenas ajudará seus ouvintes a entender seus argumentos, como também o ajudará a lembrar de tudo o que quer abordar.

Tudo o que pode ser pensado, pode ser pensado com nitidez. Tudo o que pode ser dito, pode ser dito com nitidez.

— LUDWIG WITTGENSTEIN, FILÓSOFO DO SÉCULO XX

Avalie sua habilidade como palestrante

Para avaliar sua maneira de se apresentar em público, responda às seguintes perguntas usando "S" para sempre, "AV" para às vezes e "N" para nunca.

Falar em público com confiança e convicção

1. Planejo cuidadosamente minha palestra. (__)
2. Uso recursos visuais para que minha mensagem seja mais fácil de entender. (__)
3. Preparo folhetos ou uma apresentação em PowerPoint para reforçar minha mensagem. (__)
4. Abro espaço para perguntas depois de passar as informações. (__)
5. Faço acompanhamento para ter certeza de que os ouvintes entenderam minha mensagem. (__)
6. Solicito feedback para ver como comuniquei minha mensagem. (__)
7. Ensaio minhas apresentações. (__)
8. Uso uma abordagem estruturada para preparar minha apresentação. (__)
9. Pesquiso evidências para tornar minha mensagem mais convincente. (__)
10. Uso exemplos e ilustrações para ser mais interessante. (__)
11. Limito o conteúdo às informações mais relevantes. (__)
12. Faço resumos frequentes para meu público não se perder. (__)
13. Aceito o feedback dos meus colegas sobre as minhas apresentações. (__)
14. Meu público fica engajado quando estou apresentando informações. (__)
15. Eu me apresento com energia e entusiasmo. (__)

O objetivo é que você treine para responder "S" a todas essas perguntas.

Muitas palestras não são objetivas porque o orador pretende estabelecer um recorde mundial de temas cobertos no tempo previsto.

— Dale Carnegie

Pense como os sábios, mas fale como as pessoas comuns.

— Aristóteles

Solicitando feedback

Profissionais procuram maneiras de obter feedback sobre a nitidez e a relevância de suas apresentações. Vejamos algumas maneiras para isso:

Abra um tempo para perguntas

As perguntas feitas por nosso público nos dizem se nossa mensagem foi entendida. É a maneira mais imediata de obter feedback. Se houver perguntas que indiquem falta de compreensão, aproveite a oportunidade para reafirmar seus argumentos e, talvez, oferecer mais evidências para dar suporte à mensagem.

Faça uma pesquisa posterior

As pesquisas podem ser distribuídas no final da apresentação ou para acompanhamento posterior. Quando enviadas por e-mail, dão tempo aos participantes de processar a apresentação antes de fazer a avaliação, mas também pode ser que não haja muito retorno.

Solicite uma avaliação detalhada

Antes da apresentação, pergunte a pessoas específicas se estariam dispostas a lhe dar feedback logo após o encerramento. Diga quais são seus objetivos e as habilidades que está tentando melhorar. Peça sugestões para tornar a mensagem mais fácil de entender e como melhorar seu desempenho para apresentações futuras. Ao avaliar as sugestões, procure aquelas que possa aplicar visualmente, em forma de tabelas ou gráficos.

Faça um teste de conhecimento

Para "testar" o público, podemos usar várias maneiras. Uma delas é fazer perguntas no final da apresentação para ver se recordam as informações mais importantes. Outra maneira é criar um teste que avalie a retenção da mensagem. Também podemos usar ligações telefônicas ou e-mails para fazer o acompanhamento.

10 passos para uma vida de realização

Resumo

- Ao apresentar informações a um público, devemos:
    - Começar informando qual é o tema;
    - Declarar a mensagem-chave e o resultado que desejamos;
    - Fornecer evidências da mensagem usando uma variedade de formas, como casos e analogias;
    - Encerrar reafirmando a mensagem principal e a ação desejada.

- Para uma palestra persuasiva, devemos:
    - Usar os três componentes da persuasão eficaz no corpo de nossa apresentação; citar um incidente, declarar a ação desejada e informar sobre os benefícios para o público.

- Entre os princípios para falar em público, estão:
    - Escolher um tópico que nos empolgue;
    - Fazer anotações antes para usar enquanto falamos;
    - Não decorar a palestra;
    - Usar exemplos e ilustrações;
    - Pesquisar bem o tema para ser uma autoridade no assunto;
    - Ensaiar para os amigos;
    - Usar gestos e movimentos criteriosamente para manter nossa inspiração e o interesse do público.

- Faça questão de se relacionar com o público específico.
  º Pesquisar sobre o público para saber seu nível de conhecimento sobre o tema;
  º Conquistar o público agradecendo sua atenção, sendo modesto e sincero, usando linguagem inclusiva e expressão facial agradável, e organizando os pensamentos para que sejam fáceis de seguir.

- Avalie sua capacidade de fazer apresentações de forma eficaz para que possa melhorar.

- Solicite feedback do público para uso em futuras palestras, por meio de:
  º Tempo para perguntas;
  º Pesquisas pós-palestra;
  º Testes de compreensão pós-palestra;
  º Solicitação de feedback específico de um número selecionado de ouvintes.

PASSO 6

Administrar bons relacionamentos

Conforme apontado no Passo 3, para sempre ter um ambiente harmonioso ao nosso redor, devemos tratar os outros com justiça e respeito e conhecer a forma como eles agem e reagem em determinada situação. Bons relacionamentos, lógico, são uma via de mão dupla, portanto, também devemos garantir que os outros nos tratem com justiça e respeito.

Seja respeitado pelos outros

Aqui estão sete diretrizes para ajudá-lo a conquistar e manter o respeito dos outros. Elas foram elaboradas para o ambiente de trabalho, mas se aplicam a qualquer situação:

1. Seja uma pessoa confiável e guarde segredos. Entenda quando é ou não é apropriado compartilhar conversas e estratégias;

10 passos para uma vida de realização

2. Desenvolva uma política de portas abertas. Dê aos outros toda sua atenção quando falarem e incentive-os a expressar preocupações e interesses;
3. Use sempre boas maneiras e linguagem apropriada, e demonstre boa capacidade de ouvir e congruência entre palavras e ações;
4. Construa relações positivas com todos os funcionários de sua empresa e com contatos externos, como clientes e fornecedores;
5. Tenha confiança, energia e proatividade. Antecipe desafios e pense em opções para superá-los. Hoje ouvimos dizer que há pessoas de "alta manutenção" ou "baixa manutenção". Nosso objetivo é que os outros nos vejam nessa última categoria, como alguém que assume o comando de forma adequada e não cria problemas sem uma causa excepcional;
6. Faça reuniões eficientes e focadas e forneça informações detalhadas a todos os envolvidos;
7. Seja uma pessoa confiável, consistente e responsável.

Vejamos, agora, sete comportamentos destrutivos. Mais uma vez, essa lista foi criada para ajudar no ambiente de trabalho, mas uma conduta pouco lisonjeira terá um impacto negativo sobre as pessoas que nos cercam, independentemente de ser no trabalho ou não.

1. Não ser capaz de conquistar a confiança de colegas, pares e subordinados diretos;

2. Ficar de olho no relógio, fazer intervalos excessivos e inadequados, deixar tarefas urgentes inacabadas e mensagens sem resposta;
3. Não oferecer seu ponto de vista aos superiores antes que uma decisão seja tomada;
4. Persistir em seu ponto de vista após uma decisão ter sido tomada;
5. Vestir-se de maneira inadequada e usar linguagem inapropriada e insensível às questões de diversidade;
6. Não participar de reuniões com seus superiores e com sua equipe;
7. Não ser capaz de recuperar a compostura imediatamente após um momento frustrante ou difícil.

Lidando com pessoas difíceis

Naturalmente, haverá pessoas que vão exigir mais quanto à administração de bons relacionamentos. Algumas são teimosas, irracionais ou beligerantes. Vejamos algumas técnicas para manter interações tranquilas e positivas:

Pessoas sensíveis

Algumas pessoas com quem nos relacionamos são extremamente sensíveis, pode ser um inferno ou um desafio lidar com elas, que estão em constante mudança. Mas não podemos ignorá-las, então, por isso, aqui vão algumas sugestões.

Pessoas sensíveis demais geralmente respondem mal às críticas, e sempre que fazemos a menor observação ao trabalho delas, fazem beicinho, ficam na defensiva e nos acusam de pegar no pé.

A melhor maneira de lidar com indivíduos muito sensíveis é com diplomacia. Comece elogiando as coisas que fizeram bem, e depois faça sugestões para que se saiam melhor em áreas insatisfatórias.

Kathy tinha medo de ser criticada, e isso a deixou excessivamente cautelosa em todas as áreas de seu trabalho. Em vez de arriscar um pequeno erro, ela checa, confere duas vezes e depois revisa de novo tudo o que faz.

Esse processo talvez minimize sua exposição a críticas, mas é tão demorado que atrasa toda a equipe. E o pior é que ela não toma decisões, alegando que precisa de mais informações. Mesmo depois de obtê-las, passa a responsabilidade para outra pessoa.

Para ajudar pessoas como Kathy a superar seu medo, siga estas diretrizes:

- Mostre que, devido ao excelente conhecimento da pessoa na área, seu trabalho geralmente está correto e não precisa ser checado repetidas vezes;
- Saliente que erros ocasionais são normais e que podem ser detectados e corrigidos mais tarde sem que isso comprometa a habilidade da pessoa que os cometeu;
- Se forem necessárias mais informações antes de tomar uma decisão, indique recursos que possam ajudar a

Administrar bons relacionamentos

pessoa a obtê-las. Se achar que já tem as informações adequadas, insista para que tome uma decisão rápida;
• Se a pessoa tentar passar a responsabilidade para você e lhe perguntar o que fazer, diga que a decisão é dela e que a tome depressa.

Na maioria dos casos, pessoas excessivamente sensíveis têm conhecimento e tomam boas decisões, mas precisam se sentir seguras para que seus pensamentos se convertam em ações.

Pessoas de pavio curto

Às vezes, conhecemos indivíduos que ficam muito zangados quando algo não dá certo. Por exemplo: Terry é um bom funcionário, mas, de vez em quando, perde a paciência e grita com seus colegas e até com você. Ele se acalma logo, mas seu comportamento afeta o trabalho de toda a equipe e demora um pouco para tudo voltar ao normal.

Você já falou com ele várias vezes sobre esse comportamento, mas não adiantou.

Não é fácil trabalhar em um ambiente em que as pessoas gritam e ofendem, principalmente quando somos o alvo. Como o alvo de um discurso agressivo pode ficar impossibilitado de trabalhar em sua plena capacidade durante várias horas depois, essa situação não pode ser tolerada.

Veja algumas sugestões para lidar com uma pessoa de pavio curto:

- Depois que a pessoa se acalmar, converse com ela. Saliente que entende que nem sempre é fácil se controlar, mas que essas explosões não são aceitáveis no ambiente de trabalho;
- Se ocorrer outra explosão, mande a pessoa sair até que se acalme. E avise que, da próxima vez, sofrerá uma ação disciplinar;
- Quando alguém explodir, saia da sala. Diga que voltará depois que a pessoa se acalmar. Espere dez minutos e tente de novo. Demonstre que o que está fazendo não é um ataque pessoal, mas um meio de corrigir uma situação. *Cuidado*: não é uma boa política deixar uma pessoa irritada sozinha em sua sala. Se isso ocorrer em seu espaço pessoal, insista para que a pessoa saia de sua sala;
- Mantenha a calma e conte até dez.

Não aceite a negatividade

Quase todas as empresas têm uma ou mais pessoas negativas, que sempre acham algo errado em todas as pessoas, situações e ideias. Se somos a favor, elas são contra. Sempre têm um motivo para provar que o que queremos realizar não é possível e podem derrubar uma equipe com seu pessimismo.

Vejamos alguns problemas que pessoas negativas causam:

- *Entrave às mudanças*. Pessoas com uma atitude positiva também relutam em mudar, pois é confortável continuar fazendo as coisas do jeito que sempre fizeram.

Mas essas pessoas podem ser persuadidas a mudar quando lhes apresentamos argumentos lógicos. Já as pessoas negativas resistem à mudança só para contrariar. Nenhum argumento ajuda. Geralmente fazem tudo que podem para sabotar uma situação para que os novos métodos não funcionem e possam dizer: "Eu avisei.";

- *Impacto no ânimo da equipe.* Assim como uma maçã podre pode estragar um cesto inteiro de maçãs, uma pessoa negativa pode destruir o ânimo de toda a equipe. Como o negativismo é contagioso, é difícil manter o alto astral da equipe nessas circunstâncias.

As razões para a negatividade de um membro da equipe são muitas. Pode resultar de um tratamento inadequado — real ou não — que recebeu da empresa.

Vale a pena investigar o assunto e descobrir se é esse o caso. Se a pessoa tiver motivos justificáveis para ser negativa, tente convencê-la de que o passado ficou para trás e que agora deve olhar para o futuro. Se houver equívocos envolvidos na situação, tente elucidá-los.

Por outro lado, há aqueles cuja negatividade é simplesmente parte de sua personalidade — algo que está além de nós para que consigamos mudar, mas que devemos administrar mesmo assim.

Em primeiro lugar, ao lidar com pessoas negativas, respeite seus argumentos e convença-as a trabalhar em equipe para que o projeto possa avançar. Faça da pessoa parte da solução em vez de um problema a mais.

Ao apresentar novas ideias a pessoas negativas, faça que expressem suas objeções abertamente. Diga: "Você trouxe bons argumentos, e eu agradeço. À medida que avançarmos, vamos observar com cuidado essas questões. Mas vamos experimentar esse novo conceito e trabalhar juntos para resolver os problemas."

Pessoas críticas

Existem pessoas cuja principal alegria na vida é apontar os defeitos e erros dos outros.

Pessoas assim estão tentando mostrar sua superioridade ou compensar sua inferioridade fazendo com que todos vejamos as imperfeições dos outros. Como em geral elas não têm ideias originais nem sugestões construtivas, divertem-se apontando os erros dos outros, principalmente de seu chefe. Tentam nos envergonhar e nos deixar constrangidos.

Quando vemos pessoas críticas apontando um erro, não devemos reforçá-las. Faça uma piadinha para descontrair, ou sorria e diga "Obrigado por me alertar antes que isso causasse um problema". Quando as pessoas que gostam de criticar veem que não entramos no jogo delas, tentam se divertir em outro lugar.

Lidando com pessoas descontentes

É provável que haja pelo menos uma pessoa infeliz em qualquer grupo. Todos nós passamos por períodos em que as coisas dão errado em casa ou na empresa e isso afeta a maneira como fazemos nosso trabalho e como interagimos com os outros. Quando temos um cargo de liderança, devemos ficar atentos a essa probabilidade e reservar um tempo para conversar com a pessoa. E, lógico, como amigo ou colega de trabalho, não há razão para que não possamos oferecer apoio a alguém que está passando por um momento difícil. Dar a uma pessoa a oportunidade de falar sobre um problema geralmente alivia a tensão. Mesmo que o problema não seja resolvido, alivia o ambiente e permite que a pessoa funcione melhor.

Mas há pessoas que estão sempre descontentes com alguma coisa. No trabalho, muitas vezes estão insatisfeitas com suas atribuições. Mesmo quando atendemos às suas solicitações e reclamações, não ficam satisfeitas. Parece que nunca se sentem respeitadas o suficiente, que nunca são levadas em consideração. E mostram sua infelicidade sendo negativas.

Por exemplo, se o pedido de Jill para trocar suas férias for negado, ela pode ficar com raiva e deixar isso transparecer aberta ou sutilmente em seu comportamento.

Não dá para deixar todos felizes. Recuperar o bom ânimo de pessoas que acham que foram injustiçadas exige tato e paciência. Como líderes, podemos evitar algumas situações injustas tendo o cuidado, no momento que uma decisão é tomada, de explicar as razões da decisão. No exemplo das férias, podemos explicar que a empresa define as férias dos funcionários com meses de antecedência, que outros dois estarão fora no mesmo momento e que o grupo não pode dispensar outro membro. Podemos até sugerir que a pessoa descontente tente trocar suas férias com outro colega.

Chefe irracional

Mas o que fazer se a pessoa difícil com quem temos que interagir é nosso chefe? Alguns chefes são mais francos em suas críticas que outros, e acham que devem corrigir sua equipe com frequência.

Quando perguntaram a Jack por que sempre criticava seus funcionários, ele respondeu: "Esse é o trabalho do chefe." Ele sempre havia trabalhado para chefes que criticavam, condenavam e reclamavam, e achava que essa era a maneira de supervisionar os outros.

Arlene era perfeccionista e não tolerava pessoas que não atendessem a seus altos padrões. Perdia a paciência com quem não aprendia com rapidez e precisão e muitas vezes expressava seu desagrado em voz alta e sarcástica. Dizia a si mesma que ela não era nada fácil e que não tinha medo de falar o que pensava. Não sabia que poderia fazer isso de uma maneira frutífera e solidária, obtendo melhores resultados.

Normalmente não decidimos quem será nosso chefe. Às vezes temos um ótimo relacionamento com um superior, mas, quando ele sai da empresa, entra um substituto que tem um estilo de gestão totalmente diferente e que nos parece intolerável.

Como não podemos mudar o comportamento de nosso chefe, a melhor maneira de lidar com essa situação é focar no que *podemos* mudar — que são nossas respostas a ele. Experimente estas táticas:

1. Lembre-se de que uma crítica injusta geralmente é um elogio disfarçado. Às vezes, as pessoas são tão inseguras quanto às suas capacidades que criticam os outros para que os próprios erros pareçam menores. Quando alguém nos critica injustamente, não demora muito para os outros descobrirem;
2. Faça seu melhor no trabalho. Não podemos controlar o comportamento do chefe ou o que ele diz sobre nós, mas a qualidade de nosso trabalho sim. E os gestores notarão nosso desempenho;
3. Tente de verdade ver as coisas do ponto de vista do outro. Coloque-se no lugar da pessoa, com todas as tensões e preocupações, para encontrar pistas para tal comportamento. Isso não justifica o que ela faz, é lógico, mas nossa empatia pode começar a derrubar as barreiras que nos frustram;

Os desafios da vida não devem nos paralisar, e sim nos ajudar a descobrir quem somos.

— BERNICE JOHNSON REAGON, COMPOSITORA
E CANTORA NORTE-AMERICANA

4. Fale bem de seu chefe. Pode parecer um contrassenso, mas é útil dizer coisas gentis sobre um chefe difícil. Dê a ele uma boa reputação. Diga aos outros como ele é

importante na empresa. Destaque até mesmo o menor traço positivo. Independentemente do que seu chefe faça, trate-o como se ele fizesse jus a essa reputação. Até a pessoa mais desagradável tem dificuldade em ser má quando é bem tratada;
5. Tente melhorar o relacionamento. Informe a seu chefe que deseja um bom relacionamento profissional com ele e pergunte o que pode ser feito. Se lhe parecer apropriado, peça desculpas por qualquer coisa que pareça ter dado errado em suas interações. Mostre a ele que quer, em primeiro lugar, que a empresa seja bem-sucedida;
6. Peça conselhos. Se seu chefe se sente ameaçado por sua experiência, dê a ele chances de mostrar o conhecimento que tem. Peça a ele para lhe dar opiniões em áreas em que saiba mais que você;
7. Corrija os erros imediatamente. Se descobrir que seu chefe está espalhando mentiras sobre você, mostre-lhe que sabe e que o que foi dito não é verdade. Não seja rude, apenas diga que deve ter havido alguma falha de comunicação e que quer elucidar as coisas;
8. Não espere que seu chefe mude da noite para o dia. Como mencionado anteriormente, não podemos mudar os outros, só podemos mudar nossa reação ao comportamento deles. Resolva cada incidente à medida que surgir e não se preocupe com o que pode acontecer no dia seguinte;
9. Tenha muitos pensamentos de paz, coragem, saúde e esperança. Vá além dos incômodos diários causados por seu chefe e foque nos objetivos mais nobres da vida.

Conscientemente, escolha tornar-se uma pessoa calma e satisfeita, com autoconfiança, para que as críticas dos outros não o afetem;
10. Conte suas bênçãos. Lembre-se de focar no lado bom da vida. Uma família amorosa, por exemplo, traz recompensas que vão muito além de qualquer emprego.

Essas sugestões não se limitam a nosso chefe ou ao local de trabalho. Podemos aplicá-las quando nos deparamos com pessoas difíceis em situações sociais, comunitárias ou familiares, pois são igualmente eficazes.

O mundo está cheio de sofrimento, mas também está cheio de superação.

— HELEN KELLER

Quando discordar

Desentendimentos são inevitáveis, mas a maneira como lidamos com eles pode fazer uma grande diferença em nossos relacionamentos.

Um bom exemplo é Patrick, diretor de produção da Proper Paper Co. Pediram a ele para fazer uma recomendação preliminar à presidência da empresa sobre investir em um processo de fabricação novo e não comprovado. O problema era que seu chefe, também vice-presidente de operações, era o responsável pela ideia, e Patrick tinha sérias reservas em relação a ela.

10 passos para uma vida de realização

Patrick poderia obedecer e ficar calado, lógico, mas tinha certeza de que o resultado poderia ser o fim daquela pequena fábrica de papel. Dizer "eu avisei" não adiantaria quando sessenta pessoas estivessem desempregadas. Por outro lado, poderia confrontar o chefe na frente da equipe de gestão e apontar os motivos para as suposições serem equivocadas. Isso poderia dar certo, mas também correria o risco de que a presidência ficasse alheia a tudo e destruiria suas chances de um bom relacionamento profissional com seu chefe.

Para ajudá-lo com esse problema, Patrick falou com seu mentor, um executivo aposentado da primeira empresa para a qual havia trabalhado depois da faculdade, que sugeriu um meio-termo, uma discussão amigável com seu chefe. Sugeriu também que Patrick preparasse uma apresentação informal com os seguintes passos:

1. Reconhecer os vários pontos positivos no plano de seu chefe. Alguns aspectos do processo proposto eram muito bons, promissores: fazer testes em locais de microprodução reduziriam tempo e dinheiro na fabricação de papel couché sem sacrificar a qualidade. Ao mesmo tempo, a empresa precisava mesmo procurar novos processos de fabricação para continuar competitiva;
2. Fazer a transição para sua opinião. Patrick não poderia negar seus elogios usando palavras como "mas" ou "entretanto", porque isso deixaria evidente que era contrário àquelas ideias. Portanto, depois de reconhecê-las como válidas, ele deveria fazer uma breve pausa e dizer: "Pensei em mais alguns fatores que podem influenciar

Administrar bons relacionamentos

nossa decisão." Essa seria uma maneira bem neutra de abrir o debate;
3. Apresentar os dados. No início, Patrick queria levar resmas e resmas de relatórios para provar sua opinião. Queria descontar sua raiva afogando a equipe administrativa em papéis. Mas, em vez disso, resumiu seus argumentos a dois pontos principais: os dados que sugeriam que o processo se tornaria menos eficiente à medida que fosse expandido para instalações maiores; e que o processo ainda não havia sido testado em uma operação do tamanho da empresa deles;
4. Concluir com uma declaração neutra. Diante dos dados, fazia sentido para Patrick sugerir que a empresa formasse uma equipe maior para analisar mais detalhadamente essa opção e outras. Poderia até tranquilizar seu chefe dizendo que seria emocionante se esse novo processo, após uma análise mais aprofundada, mostrasse ser a oportunidade certa para a empresa;
5. Evitar a raiva. Os desacordos raramente ocorrem como planejado.

O mentor lembrou a Patrick que ele só poderia fornecer as informações; não poderia controlar a decisão final. Se seu chefe discutisse, ele poderia "concordar em discordar", mas não deveria entrar em uma batalha verbal. Seu trabalho era fazer o que achava ser o melhor para a empresa, mas não se envolver em uma briga.

Não é surpresa que a presidência tenha concordado com a sugestão de Patrick. Até seu chefe concordou que era o mais responsável a ser feito. Ao apresentar nossas ideias de forma ponderada, sem prejudicar as dos outros, podemos alcançar os mesmos resultados.

Não critique, não condene e não reclame

Para termos bons relacionamentos, devemos pensar em como gostamos que os outros se comportem. Se não gostamos de pessoas negativas e críticas, por que acharíamos que os outros gostam? Devemos decidir, desde o início da vida, que não vamos criticar ou condenar quem está ao nosso redor, nem ficar procurando seus erros e defeitos. Apontar defeitos, ceder ao sarcasmo e à ironia, procurar falhas em tudo e em todos, coisas para condenar em vez de elogiar, são hábitos muito perigosos. São como vermes mortais que roem o coração do botão de rosa ou a semente da fruta, e deixa nossa vida retorcida, distorcida e amarga.

Não é possível ter uma vida harmoniosa e feliz depois que esse hábito destrutivo se forma. Quem sempre procura algo para condenar arruína o próprio caráter e destrói a própria integridade.

Todos nós gostamos de pessoas positivas, radiantes, alegres e cheias de esperança. Ninguém gosta de quem resmunga, critica ou calunia. O grande filósofo norte-americano Ralph Waldo Emerson escreveu que "o mundo gosta do homem que vê a longevidade em suas causas e o bem no futuro, que acredita no melhor e não no pior das pessoas".

Administrar bons relacionamentos

É fácil passar a vida procurando o bom e o belo, em vez de o feio; o nobre em vez de o ignóbil; o brilhante e alegre em vez de o escuro e sombrio; esperança em vez de desespero; ver o copo meio cheio em vez de meio vazio. Voltar o rosto para a luz do sol é tão fácil quanto ver sempre as sombras, e isso faz toda a diferença entre contentamento e descontentamento, entre felicidade e infelicidade, e, em nossa vida profissional, entre prosperidade e adversidade, entre sucesso e fracasso.

Temos de aprender a procurar a luz, a nos recusar a abrigar sombras e borrões, imagens negativas e discordantes, e nos apegar às coisas que dão prazer, que são úteis e inspiradoras. Assim, mudaremos toda nossa maneira de ver as coisas e transformaremos nossa personalidade em muito pouco tempo.

Fazer que os outros aceitem nossas ideias

Lógico que não devemos agir de uma forma que exerça influência indevida sobre os outros, ou que possa ser considerada manipuladora, mas não há nada de errado em incentivá-los a aceitar nossas ideias. De fato, no trabalho, espera-se que tomemos decisões e tenhamos ideias que farão nossa empresa avançar. Se não formos nem um pouco habilidosos em promover a aprovação de nossos esforços, não seremos funcionários muito eficazes.

Quando Jennifer, diretora de recursos humanos da Sweet Sixteen Cosmetics Company, analisou as folhas de ponto, viu que era hora de ser criativa para lidar com o atraso de alguns funcionários. A punição dos retardatários não havia ajudado, e um plano para premiar a pontualidade não levara a melhorias significativas. Um ano antes, ela sugerira aplicar um horário flexível para acomodar melhor os membros da equipe, mas seu chefe recusou com frieza. Como ela poderia reintroduzir essa sugestão agora e fazê-lo mudar de ideia?

Vender ideias não é muito diferente de vender um produto ou serviço. Seguindo as abordagens de vendedores de sucesso, podemos persuadir as pessoas a aceitar nossos conceitos. O primeiro passo em qualquer venda é estar devidamente preparado. Nenhum bom vendedor tentaria fazer uma venda sem uma preparação cuidadosa.

Defina com objetividade suas ideias

Assim como um vendedor deve conhecer seu produto, devemos conhecer o máximo possível a ideia que queremos vender. Antes mesmo de Jennifer abordar o assunto de horários flexíveis com seu chefe, ela deve saber o máximo possível sobre esse conceito. Deve ler sobre o assunto, conversar com executivos de outras empresas que adotaram programas semelhantes e avaliar as atitudes de alguns funcionários que seriam afetados por ele.

Avalie o benefício de suas ideias

A partir da análise do assunto, determine o que esse conceito fará que nenhum outro conseguiria. Ao analisar a experiência de empresas que usavam horários flexíveis, Jennifer descobriu que os atrasos foram reduzidos de modo significativo em todas elas. Também descobriu que a produtividade não foi afetada, mesmo que nem todos os funcionários estivessem disponíveis ao mesmo tempo. Também facilitou o recrutamento de novos empregados, principalmente de pessoas com filhos. Portanto, o interessante do horário flexível é que ele pode combinar esses benefícios. Jennifer resumiu assim: "Reduzirá os atrasos sem perda de produtividade e, ao mesmo tempo, atrairá boas pessoas para a empresa."

Avalie o benefício para o "comprador"

Todo vendedor sabe que a principal preocupação de qualquer comprador é: "O que eu ganho com isso?" Como a empresa se beneficiará ao aceitar sua ideia? A maioria das empresas está preocupada com os custos, portanto, você precisa ser capaz de demonstrar que sua ideia é econômica.

Para vender uma ideia a uma pessoa com quem trabalha e conhece bem, como seu chefe imediato, você precisa saber quais são os interesses dele. Adapte a apresentação a esses interesses. Se conseguir adaptar o que está oferecendo ao que o outro mais deseja, aumentará sua probabilidade de realizar a venda. Precisamos conhecer o Motivo de Compra Dominante do "comprador" (MCD). Porém se a pessoa com quem está falando é um estranho, é importante descobrir seus interesses. Para conhecer seu MCD, prepare-se para fazer perguntas a fim de descobrir seus reais interesses. Falando com outras pessoas que conhecem seu "comprador", descubra tudo o que puder. Tente se reunir com ele antes de fazer sua apresentação e faça perguntas boas e elucidadoras. Elas podem ser diretas, como: "O que você deseja alcançar em tal e tal atividade? Quais são suas metas para este ano?", ou indiretas: "Que realizações de seu passado lhe deram mais satisfação? Por quê?" Ouça com atenção as respostas e você descobrirá o que realmente vai entusiasmar o comprador, ou seja, seu MCD.

Apresente evidências

Bons vendedores sempre têm evidências disponíveis para comprovar seus argumentos. Para vender uma ideia no local de trabalho, talvez a melhor evidência seja a experiência de outras empresas que usaram com sucesso conceitos semelhantes. Jennifer entrou em contato com várias empresas que adotaram um horário flexível havia anos e conseguiu dados consideráveis sobre os benefícios que obtiveram. Também descobriu quais problemas elas tiveram e como os resolveram. Conhecendo os aspectos negativos e positivos, ela pôde se preparar para as objeções que seu chefe poderia apresentar e desenvolver os argumentos para refutá-las.

Administrar bons relacionamentos

Combine seu plano com o que é desejado

Os fatos por si só raramente farão uma venda. O vendedor precisa mostrar como esses fatos se traduzem em benefícios para o comprador. Ao se preparar para vender uma ideia, liste em uma coluna todos os fatos que fazem sua ideia valer a pena e, ao lado, em outra coluna, identifique os benefícios que proporcionam ao comprador.

Para o conceito de horário flexível de Jennifer:

Meta:
- Economizar US$2.300 por mês;
- Reduzir a rotatividade de funcionários;
- Aumentar a produtividade.

Benefícios:
- Redução dos atrasos em oitenta por cento;
- Melhoria no ânimo;
- Atração de melhores profissionais.

Ao mostrar como a ideia que estamos vendendo atende o que o comprador deseja, nossa apresentação será positiva e persuasiva. Ninguém quer ser um "comprador passivo". Todo mundo quer sentir que comprou o que queria. Quando mostramos como nossa ideia se encaixa no que a pessoa quer, a probabilidade dessa pessoa aceitá-la aumenta.

Agora, estamos prontos para fazer a apresentação e vender nosso conceito para o chefe.

10 passos para uma vida de realização

Fazendo a venda

Vejamos como Jennifer reintroduziu o conceito de flexibilidade de horário para seu chefe, que o havia rejeitado um ano antes. Ela preparou sua abordagem, pesquisou o máximo que pôde sobre horário flexível, investigou a experiência de outras empresas que o instituíram com sucesso e identificou sua principal vantagem. Também analisou o que o seu chefe mais queria para a empresa, seu MCD. Ela estava pronta para fazer a apresentação.

Os vendedores iniciam uma conversa com um potencial cliente comentando sobre a decoração do escritório, ou um quadro, ou outro assunto aleatório. Ao lidar com uma pessoa com quem trabalhamos, é melhor começar com algo que sabemos que será de interesse dela. Se ela não gosta de rodeios, vá direto ao ponto: "Doug, sei que você está preocupado com a produtividade, e uma das causas disso é nossa dificuldade de recrutar bons funcionários. Uma maneira de atrair pessoas mais qualificadas lhe interessaria?"

A única resposta que Doug poderia dar seria "sim". Então, Jennifer apresentou a principal vantagem de seu conceito e ganhou atenção imediata. Depois disso, é necessário determinar os interesses específicos de Doug.

Faça perguntas e ouça as respostas

Embora Jennifer conheça os interesses de Doug por trabalharem juntos, deve estar preparada para fazer perguntas específicas acerca dos objetivos dele. Quando lidamos com uma pessoa que não conhecemos bem, essa parte da apresentação é a mais importante. É essencial descobrir o que é mais importante para essa pessoa — seu MCD. A principal preocupação de uma pessoa pode ser a relação custo-benefício, ao passo que outra pode estar mais interessada em como um novo produto ou prática afetará sua imagem. Às vezes, a pessoa está tão ansiosa para "vender" suas ideias que não ouve o que o "comprador" quer. Supõe que, como o preço de seu produto é mais baixo que o dos concorrentes, basta enfatizar a redução de custos, de modo que não dá ouvidos à preocupação do cliente com a qualidade. Não pressuponha que os interesses do "comprador" sejam os mesmos que os seus. Ouça com atenção as respostas e esteja preparado para captar sutilezas que podem conduzi-lo aos reais interesses de seu "comprador".

Apresente evidências

Na preparação para a apresentação, você já deveria ter coletado evidências consideráveis para respaldar as ideias que deseja vender. Uma vez que sabemos o que o "comprador" realmente deseja, podemos adequar as evidências a esses desejos. Jennifer sabe que seu chefe, Doug, é pragmático. Ele não aceita teorias vagas, mas fica impressionado com fatos e números. Também sabe que avalia todos os projetos em termos de custo-benefício. Para lhe vender horários flexíveis, ela precisa estar pronta para mostrar como funcionou em outras empresas, quanto custou e como valeu a pena.

"Doug, conversei sobre isso com Hilary Hendricks, a gerente de recursos humanos da Fitrite Shoes. Eles instituíram o horário flexível há três anos. Ela destacou que isso reduziu os atrasos em oitenta por cento, economizando US$2.300 por mês. Além disso, ao atrair mais pessoas que preferem horários flexíveis, eles conseguiram recrutar funcionários de alto calibre e reduziram significativamente a rotatividade."

Como as evidências devem ser apresentadas? Se você conhece a pessoa para quem quer vender o conceito — e, na maioria dos casos, é nosso chefe ou outros executivos da empresa —, precisa saber como ela gosta de receber as informações. Algumas pessoas se convencem mais vendo tabelas, gráficos e diagramas; outras, com argumentos ou exemplos convincentes. Utilizando o formato com maior probabilidade de impressionar seu público, você terá mais chances de efetivar a venda.

Refutando objeções

Vendedores gostam de objeções, pois os ajudam a determinar o que o cliente quer e permitem que eles as refutem, aumentando suas chances de fechar o negócio. Bons vendedores antecipam as objeções que provavelmente surgirão e estão preparados para neutralizá-las. Temos de conhecer as objeções mais prováveis que nosso chefe pode ter em relação ao conceito que estamos vendendo e estar preparados para refutá-las.

Administrar bons relacionamentos

Doug havia recusado o conceito de horário flexível um ano atrás porque achava que atrapalharia a produção. "Se cada um chegar em um horário diferente, como teremos uma produção coordenada? E se o supervisor precisar de informações importantes de um funcionário que já saiu ou ainda não chegou?" Jennifer estava preparada para mostrar como as empresas que ela pesquisou lidaram com esses problemas e os resultados que se seguiram.

Fechando a venda

Existem várias abordagens para fechar uma venda. Talvez o mais adequado para vender uma ideia a um executivo de sua empresa seja lhe pedir ajuda para avaliar o conceito. Divida um papel em duas colunas: "Prós" e "Contras". Liste as principais objeções que foram levantadas na coluna "Contras" e escreva o argumento compensatório na coluna "Prós". Coloque na coluna "Prós" todos os benefícios que forem discutidos. Se estiver bem-preparado, você terá muitos mais prós que contras.

Então, diga: "Vamos analisar os prós e os contras. Em sua opinião, qual lado pesa mais?" A resposta tem que ser o lado positivo.

Tendo chegado a um acordo sobre a viabilidade do conceito, comente: "Já que você concorda que é uma boa ideia, eu gostaria de falar sobre como implementá-la." Se o conceito tiver que ser vendido por seu chefe a outros executivos

10 passos para uma vida de realização

antes de ser implementado, sugira que terá prazer em ajudá--lo a se preparar para essa apresentação.

Com uma boa preparação e seguindo as abordagens utilizadas pelos vendedores de sucesso, podemos apresentar e vender nossas ideias a nosso chefe e obter a grande satisfação de ver os conceitos que sugerimos aceitos e executados.

Resumo

- Para ser respeitado pelos outros, você deve ser educado, apropriado e confiável;
- Se for obstinado e egoísta, não ganhará respeito;
- Lide com pessoas sensíveis encorajando-as e tranquilizando-as;
- Não se envolva quando alguém tiver um acesso de raiva. Fique calmo e, quando o ataque acabar, diga à pessoa que esse comportamento não é aceitável;
- Pessoas negativas devem ser reconhecidas e autorizadas a se expressar. Faça questão de que elas saibam que as leva em consideração e que fará o melhor para resolver seus problemas;
- Se houver pessoas críticas a seu redor, agradeça educadamente por sua contribuição. Elas vão perder o interesse em criticar;
- Se seu chefe for difícil ou crítico, faça o possível para manter um bom relacionamento, e, embora possa parecer um contrassenso, sempre fale bem dele. Cabe a você fazer o seu melhor;

Administrar bons relacionamentos

- Discorde educadamente. É possível ter uma opinião diferente e, mesmo assim, mostrar respeito pela pessoa;
- Para influenciar as pessoas, conquiste seu respeito.

Revise as diretrizes descritas no início deste passo:

- Vender ideias não é muito diferente de vender um produto ou serviço. Seguindo as abordagens de vendedores de sucesso, você pode persuadir as pessoas a aceitar seus conceitos;
- Você precisa saber o máximo possível sobre a ideia que quer vender;
- Avalie o benefício para o comprador e transmita-o em seu discurso de venda. Não pressuponha que os interesses da outra pessoa sejam os mesmos que os seus. Faça boas perguntas e ouça com atenção as respostas. Bons vendedores sempre têm evidências disponíveis para provar seus argumentos. Para vender uma ideia, a melhor evidência é a experiência de outras empresas que usaram conceitos semelhantes com sucesso;
- Ao se preparar, recolha evidências consideráveis para respaldar as ideias que deseja vender. Sabendo o que o comprador realmente deseja, você pode adequar a evidência aos desejos dele.

PASSO 7

Superar a preocupação e o medo

Preocupação ou medo é fatal para a concentração mental e mata a capacidade criativa. Seja um cientista, artista, inventor ou magnata dos negócios, uma pessoa não consegue se concentrar se estiver cheia de medo, preocupação ou ansiedade.

Quando todo o organismo mental vibra com emoções perturbadoras, a eficiência é impossível. As coisas que nos deixam nervosos e nos envelhecem prematuramente, que nos roubam a alegria, não são as que realmente acontecem.

O sucesso e a felicidade dependem de nos manter em condições de aproveitar ao máximo nossas energias. Devemos abrigar em nossa mente que o medo é o inimigo do sucesso e da felicidade. Devemos romper o hábito de antecipar catástrofes que talvez nunca aconteçam. A ansiedade e a aflição não apenas nos roubarão a paz de espírito, a força e a capacidade de fazer nosso trabalho, como também preciosos anos de vida.

Trabalhar não mata ninguém, mas o medo já matou multidões. Fazer as coisas não nos prejudica como o medo que sentimos de fazê-las o faz — não apenas executá-las mentalmente repetidas vezes, mas antecipar algo desagradável.

Quantas vezes acordamos no meio da noite suando frio, preocupados com algum problema que deveríamos enfrentar no dia seguinte ou no futuro? Com que frequência nossa mente salta, no meio de uma atividade alegre, para um problema que nos deixou preocupados?

É provável que todo mundo já tenha se preocupado repetidamente. No entanto, quando olhamos para trás, semanas ou meses depois, e analisamos os assuntos que nos deixavam tão aflitos, muitas vezes descobrimos que o problema que nos despertou de um sono profundo ou transformou nossa alegria em ansiedade nunca aconteceu, ou foi muito mais tranquilo do que havíamos previsto.

Nenhum problema jamais foi resolvido pela preocupação. Se a energia que usamos nos preocupando (e isso consome muita energia) fosse canalizada para abordagens construtivas, para resolver o mal-estar, em vez de meditar sobre ele, superaríamos medos e apreensões e seríamos pessoas mais saudáveis e felizes.

Pessoas mais felizes não têm, necessariamente, o melhor de tudo. Elas apenas aproveitam ao máximo tudo o que encontram pelo caminho. O futuro mais brilhante será sempre baseado em um passado esquecido, não podemos avançar na vida sem deixar para trás fracassos e mágoas do passado.

Superar a preocupação e o medo

Viver no presente

Em seu livro *Como evitar preocupações e começar a viver*, Dale Carnegie cita os seguintes comentários do Dr. William Osler, um dos grandes cirurgiões e filósofos do início do século XX, de um discurso que fez a um grupo de estudantes da Universidade de Yale.

Dr. Osler disse que, em um grande transatlântico, o capitão tem o poder de selar um compartimento do navio se este puser em risco toda a embarcação. E afirmou:

> Cada um de vocês é uma organização muito mais maravilhosa que um grande transatlântico, e tem como destino fazer uma viagem mais longa. O que recomendo é que aprendam a controlar o maquinário de modo a conviver com compartimentos selados para garantir a segurança da viagem. Subam na ponte e vejam as grandes amuradas. Apertem um botão e ouçam, em todos os níveis de sua vida, as portas de ferro enclausurando o passado — o ontem morto. Apertem outro botão e fechem o futuro com uma cortina de metal, tão hermético quanto o passado. O futuro é hoje, não existe amanhã. Energia desperdiçada, angústia mental, preocupações perseguem os passos de quem vive ansioso com o futuro. Fechem, então, as grandes amuradas dianteiras e traseiras e preparem-se para cultivar o hábito de uma vida de compartimentos selados hermeticamente.

Dr. Osler não quis dizer que não devemos nos esforçar para o amanhã, mas sim, que a melhor maneira de fazer isso

10 passos para uma vida de realização

é focar toda a nossa inteligência, todo o nosso entusiasmo, em fazer o trabalho de hoje de maneira excelente. Essa é a melhor maneira de se preparar para o futuro.

Para nos ajudar a fechar as portas de ferro do passado e do futuro, Dale Carnegie sugere que nos façamos as seguintes perguntas e anotemos as respostas:

- Costumo adiar a vida no presente para me preocupar com o futuro ou ansiar por um "paraíso no horizonte"?
- Às vezes, amargo o presente por me arrepender de coisas que aconteceram no passado — que já passaram?
- Acordo de manhã determinado a "aproveitar o dia", tirar o máximo proveito das próximas 24 horas?
- Posso tirar mais proveito da vida vivendo o presente?
- Quando devo começar a fazer isso? Semana que vem? Amanhã? Hoje?

O passado acabou, não podemos mudá-lo. O futuro é desconhecido, mas o hoje é uma dádiva — é por isso que se chama presente.

— Anônimo

Treze maneiras de minimizar as preocupações

É fácil falar, mas fazer é outra história. Aqui estão algumas maneiras que costumam ajudar a não nos preocupar:

Superar a preocupação e o medo

1. Tome uma decisão. Quando se confrontar com um problema preocupante, não fique repensando nele. Encare-o de uma vez por todas e tome uma decisão. Tendo feito isso, atenha-se a ela. Nem sempre será a correta, mas qualquer ação positiva geralmente é melhor que nenhuma ação.

2. Entenda onde termina o pensamento e começa a preocupação. Lembre-se de que se preocupar não é o mesmo que pensar. O pensamento objetivo é construtivo. A preocupação é destrutiva.

3. Se houver algo que possa fazer para resolver um problema que o esteja incomodando, faça. Devemos dar todos os passos possíveis para resolver o problema, para que não nos preocupe mais. Vários membros de uma casa de idosos em Nova York estavam preocupados, com medo de serem assaltados na rua. O medo constante mantinha muitos deles em seu quarto solitário, e outros saíam com muita ansiedade. Um dos homens reconheceu que essa preocupação estava ganhando de todos eles, e ninguém fazia nada a respeito — exceto se preocupar mais. Então, ele trocou seus pensamentos sombrios pela ação. Resultado: um acordo que propunha que vários homens e mulheres caminhariam juntos pela "parte difícil do bairro" em um horário específico todos os dias. Pensamento construtivo, em vez de ansiedade destrutiva, resolveu o problema.

10 passos para uma vida de realização

4. Cuide da sua vida.

Às vezes, criamos problemas para nós ao interferir com muita frequência na vida dos outros. Fazemos isso porque nos convencemos de que nosso caminho é o melhor e aqueles que não seguem nossas ideias devem ser criticados e redirecionados — a nossa direção é a certa. Se cuidar da sua vida e der conselhos apenas quando solicitados, você terá menos coisas com que nos preocupar.

5. Não guarde rancor.

Ficar "remoendo" um assunto é diferente de se "preocupar", mas ambos são hábitos mentais repetitivos que desperdiçam energia. Às vezes, ficamos remoendo eventos que nos pareceram ofensivos ou prejudiciais. Mas, para seguir em frente, é essencial cultivar a arte de perdoar e esquecer. A vida é muito curta para ser desperdiçada com essas ninharias. Esqueça, perdoe e siga em frente.

6. Acredite em si.

Muitas vezes, temos medo de não sermos reconhecidos por nossas realizações. Nossos chefes ou sócios nunca ou raramente nos elogiam. Precisamos entender que muitas pessoas quase nunca elogiam alguém sem um motivo egoísta. Criticam com facilidade, mas ignoram nossas conquistas. Damos muita importância à maneira como os outros nos veem. Mas se acreditarmos em nossa própria capacidade e força, vamos nos preocupar menos com as atitudes de outras pessoas em relação a nós.

Superar a preocupação e o medo

É provável que não nos preocuparíamos com o que os outros pensam de nós se percebêssemos quão raramente elas pensam.

— OLIN MILLER, HUMORISTA NORTE-AMERICANO

7. Deixe de lado a inveja.

Todo mundo já viu como a inveja perturba nossa paz de espírito. Podemos trabalhar mais do que nossos colegas, mas eles são promovidos e nós não. Nossa empresa está se equilibrando, mas o concorrente está prosperando. Invejamos o vizinho porque ele tem um carro mais novo e mais caro. A inveja não resolverá nossos problemas, apenas trará preocupação e insegurança. Devemos aprender a aceitar o que temos e trabalhar duro para melhorar com uma mente livre de inveja.

8. Aceite as mudanças.

Mudanças são inevitáveis. Não existe progresso sem elas. Muitas pessoas as temem, pois nos tira da zona de conforto. Quando mudanças lhe forem impostas, em vez de ter medo de que o afetem negativamente, foque em como podem melhorar as coisas.

Jack não conseguia dormir de tanta preocupação. Em uma semana, seu novo chefe, um estranho, assumiria. Ele se dava muito bem com seu antigo chefe e, quando este se aposentou, em vez de um dos veteranos ser promovido para o cargo, a empresa contratou alguém desconhecido. *Talvez esse novo chefe seja durão, talvez não goste de mim*, pensava. Nos dias seguintes, ficou nervoso e teve muita dificuldade para dormir. Ele percebeu que seu amigo e colega de trabalho, Tony, não parecia chateado, e perguntou: "Tony, você não está preocupado com o novo chefe?" Tony assentiu. "Sim, estou apreensivo. Ele pode fazer grandes mudanças aqui. Mas não estou preocupado. Qual é a pior coisa que pode acontecer? Ele poderia me demitir, mas tenho habilidades valiosas e, se isso acontecer, sei que vou arranjar outro emprego. Não há nenhuma razão para ele me demitir. Sempre fiz um bom trabalho e continuarei fazendo. Se ele fizer mudanças, posso viver com elas — e se não puder, há outros empregos por aí para mim. Então, para que me preocupar?"

Jack viu a lógica no pensamento de Tony e adotou sua perspectiva. Conseguiu trabalhar sem preocupações e não perdeu mais noites de sono. Sim, ele continuava apreensivo, mas em vez de fantasiar com tudo o que poderia dar errado, ele focou em sua capacidade de seguir o fluxo.

Tenha em mente que a mudança não se limita ao que os outros nos impõem. Devemos estar sempre estudando como fazer as coisas diferente e buscar maneiras de fazê-las de forma mais eficaz. Sugerir mudanças envolve risco, pois pode não dar certo, mas pessoas autoconfiantes aprendem a aceitar riscos e são resilientes o suficiente para não se preocupar com derrotas ocasionais e seguir em frente.

9. Aprenda a aceitar o inevitável.

Depois de 22 anos na mesma empresa, Elizabeth ansiava pela aposentadoria, para a qual faltavam oito anos. Quando a empresa anunciou que estava falindo, ela não pôde acreditar.

Superar a preocupação e o medo

Todos os seus planos eram baseados na segurança que seu trabalho lhe ofereceria. Elizabeth chorava até dormir todas as noites. Sempre se orgulhara de ser autossuficiente, e passaria a depender dos filhos. Em poucas semanas, ela deixou de ser uma pessoa autoconfiante e alegre, e passou a viver com enxaquecas e distúrbios estomacais constantes, sempre uma pilha de nervos.

Seu médico percebeu que medicação não era o tratamento de que ela precisava. Então, sugeriu que ela estudasse a "Oração da Serenidade", de Rheinhold Niebuhr:

Deus, conceda-me serenidade
para aceitar as coisas que não posso mudar,
coragem para mudar as coisas que posso mudar, e
sabedoria para diferenciar uma da outra.

Com o tempo, ela aprendeu a separar o que podia ser mudado (sua atitude) do que não podia (o fechamento da empresa). Com o apoio da família e dos amigos, ela aceitou o inevitável, começou a se dedicar a procurar outro emprego e deu passos positivos rumo à nova e excitante fase de sua vida.

10. Não abrace o mundo com as pernas.

Muitas vezes, aceitamos um excesso de responsabilidades. Queremos que os outros nos admirem, por isso assumimos mais do que podemos suportar. Devemos estar cientes de nossas limitações. Quando nos solicitarem assumir uma missão especial e estivermos sobrecarregados, temos de recusar com diplomacia.

10 passos para uma vida de realização

11. Mantenha a mente ocupada.
Quando nossa mente não está ocupada com pensamentos positivos, nós a enchemos de preocupações — muitas vezes sobre assuntos triviais ou improváveis. Devemos ocupá-la com assuntos positivos e valiosos. Ler livros inspiradores, ouvir boa música, meditar ou focar em um projeto comunitário que valha a pena, em um hobby legal ou nas alegrias e bênçãos de nossa vida afastará esses pensamentos preocupantes.

12. Não procrastine.
Em todos os trabalhos e na maioria dos aspectos da vida, fazemos coisas que não gostamos. Muitas pessoas têm a tendência de adiar tarefas desagradáveis para trabalhar naquilo de que gosta. Mas mesmo quando fazemos primeiro o que gostamos, precisamos fazer o que não gostamos também. Isso é autodestrutivo. Quando eliminamos as atividades desafiadoras primeiro, podemos esperar ansiosamente as agradáveis.

13. Aprenda com os seus erros.
Todos nós cometemos erros. Como já foi mencionado antes, devemos nos arriscar se quisermos progredir, e uma parte integrante de qualquer risco é o possível fracasso. Pessoas bem-sucedidas assumem riscos com cada decisão que tomam. Os riscos nunca podem ser eliminados, mas podem ser minimizados por uma análise e planejamento cuidadosos. Sem sacrifício não conseguimos nada.

Quando nos deparamos com erros, em vez de nos preocupar e ficar ruminando-os, devemos estudar suas razões e tomar medidas para corrigi-los, se possível. É interesse nosso buscar soluções alternativas e analisar o que causou os problemas para não cometermos os mesmos erros no futuro.

> *Ao se deparar com um problema, pergunte-se: qual é a pior coisa que pode acontecer? Então, prepare-se para aceitá-la. A seguir, prossiga para melhorar o pior.*
>
> — DALE CARNEGIE

A lei das médias

Mike largou a faculdade e decidiu viajar de carona pelos Estados Unidos. Sua mãe ficou enlouquecida. Passava a noite acordada preocupada com tudo o que poderia acontecer com ele — seria assassinado, sequestrado, cairia em uma vala, seria preso, ficaria doente, sairia com más companhias etc. Durante semanas ela não dormiu, não comeu e não pôde aproveitar nenhum aspecto da vida. Tudo o que fez foi se preocupar.

Ela pediu conselhos a uma velha amiga, que a lembrou de que milhares de jovens haviam feito a mesma coisa. E quantos haviam tido problemas sérios?

Sua amiga sugeriu que fizesse uma pesquisa e, de fato, ela descobriu que só uma pequena porcentagem desses jovens sofria algum mal. A lei das médias pesava a favor de seu filho voltar sem problemas. Quando aceitou isso, a mulher relaxou, parou de se preocupar e sua vida voltou ao normal. Óbvio que ela tinha pensamentos preocupantes de vez em quando, mas eles não dominavam mais sua vida.

No devido tempo, o garoto voltou para casa e para a faculdade.

Se a mãe de Mike não houvesse colocado as coisas sob a perspectiva adequada, sua saúde e equilíbrio pessoal poderiam ter sido destruídos.

> *Você pode não controlar tudo que lhe acontece, mas pode decidir não ser reduzido por isso.*
>
> — MAYA ANGELOU, POETA NORTE-AMERICANA

Não ceda à derrota

Um atributo importante das pessoas bem-sucedidas não é que sejam sempre bem-sucedidas, mas que, em vez de se preocupar com suas capacidades, elas respondem ao fracasso ou aos obstáculos se reerguendo e redobrando seus esforços. São resilientes — qualidade de pessoas com grande inteligência emocional, que são capazes de controlar o estresse e a preocupação.

O poder de resistir é característico de todas as pessoas que realizaram algo grandioso. Podem ter outros defeitos, fraquezas ou excentricidades, mas não desistem facilmente.

O sucesso não acontece da noite para o dia. Steve Jobs e Steve Wozniak experimentaram fracasso após fracasso antes de aperfeiçoar seu primeiro computador Apple de sucesso. É óbvio que eles se preocupavam com a possibilidade de nunca

Superar a preocupação e o medo

serem bem-sucedidos, mas deixaram a preocupação de lado e focaram em superar os problemas que enfrentavam.

Nunca desista. Existem chances e mudanças,
Ajudando aqueles que têm esperança, ainda que
remotas;
E, apesar do caos, se você persistir, a Sabedoria
Elevada sempre providencia sucesso.
Nunca desista; pois o mais sábio é o mais ousado,
que sabe que a Providência Divina transforma água
em vinho,
e, de todas as máximas, a melhor, assim como a mais
antiga,
é a palavra de ordem severa: "Nunca desista!"

— OLIVER WENDELL HOLMES, POETA E FILÓSOFO NORTE-AMERICANO

Em vez de se preocupar em não alcançar o sucesso, continue se esforçando com otimismo. O proprietário de uma mina no Colorado abriu um túnel de 1,5 quilômetros de comprimento através de estratos de terra onde achava que havia ouro, gastou US$100 mil e, em um ano e meio, não conseguiu encontrar o ouro e desistiu. Outra companhia avançou mais 1 metro pelo túnel e encontrou o minério. O ouro da vida pode estar a apenas 1 metro de distância.

Benjamin Franklin foi exemplo dessa tenacidade. Quando entrou no ramo gráfico na Filadélfia, seu escritório e dormitório ficavam juntos em um quarto pequeno. Ele soube que outro gráfico da cidade resolvera esmagá-lo. Franklin o convidou a ir a seu quarto. Apontando para um pedaço do pão que havia sido seu jantar, disse: "A menos que você consiga viver gastando menos que eu, não poderá me matar de fome." Em vez de se preocupar com a ruína de sua gráfica, Franklin resolveu fazer o que fosse preciso para ser bem-sucedido.

> *Se não consegue dormir, levante-se e faça alguma coisa em vez de ficar deitado preocupado. É a preocupação que mata, não a falta de sono.*
>
> — Dale Carnegie

Vencendo o medo

Ainda mais grave que se preocupar é viver constantemente com medo. A preocupação é uma faceta ocasional de nossa vida, mas o medo domina muitas pessoas.

Quando uma publicação entrevistou 2.500 pessoas, descobriu que elas tinham mais de sete mil medos diferentes. Os mais observados foram medo da morte, de perder o emprego, de falar em público, da pobreza, de doenças contagiosas, de desenvolver algum problema hereditário, de declínio da saúde, de avião e muitos medos supersticiosos.

Algumas pessoas vivem com medo constante e não sabem como superá-los. O pavor de algum mal iminente está sempre presente nelas. A felicidade delas é envenenada com isso, de modo que nunca sentem muito prazer ou tranquilidade com nada. O medo está enraizado em sua vida e o impede de realizar coisas que valem a pena. Infelizmente, algumas pessoas têm medo de quase tudo. Não se aventuram nos negócios pelo risco de perder dinheiro, vivem excessivamente preocupadas com o que os vizinhos pensam sobre elas... A vida inteira delas está cheia de medo, medo, medo.

Quando as pessoas sentem medo ou têm maus pressentimentos, tudo que fazem no trabalho e em outros aspectos da vida é influenciado. O medo estrangula a originalidade, a coragem, a ousadia; mata a individualidade e enfraquece todos os processos mentais. Deprime a ação mental normal e nos torna incapazes de agir com sabedoria em uma emergência, pois ninguém consegue pensar com nitidez e agir com sabedoria quando está paralisado de medo. Quando estamos deprimidos e desanimados, quando temos medo de fracassar, atraímos exatamente aquilo que tememos.

Programe-se para derrotar o medo

O medo é um hábito mental e temos a capacidade de destruí-lo com facilidade simplesmente mudando a maneira de pensar. A fé é seu antídoto perfeito.

O medo só vê escuridão e sombras, mas a fé vê a esperança, o sol por trás das nuvens. O medo olha para baixo e espera o pior; a fé olha para cima e antecipa o melhor. O medo é pessimista; a fé, otimista. O medo sempre prevê o fracasso; a fé, o sucesso. Não pode haver medo da pobreza ou do fracasso quando a mente é dominada pela fé. A dúvida não pode existir em sua presença. Está acima de qualquer adversidade.

De fato, a fé em si mesmo e em suas habilidades ajudará muito a aliviar seus medos. Uma das piores formas de medo é pensar no fracasso, pois acaba com sua ambição, amortece seu propósito e garante sua derrota.

Uma maneira de superar isso é anotar tudo o que acha que vai dar errado e deixar a lista de lado. Quando a ler, em algum momento no futuro, vai perceber que uma pequena porcentagem dessas coisas aconteceu.

Devemos fazer todos os esforços para abandonar os pensamentos de medo, assim como abandonaríamos qualquer prática ruim que nos causasse sofrimento. Devemos encher nossa mente de coragem, esperança e confiança. Não devemos esperar até que os pensamentos de medo se arraiguem em nossa mente e imaginação. Quando confrontado com medos, tome instantaneamente o antídoto, e os inimigos fugirão. Não há medo tão grande ou tão enraizado na mente que não possa ser neutralizado ou erradicado por seu oposto. Pensamentos opostos vão destruí-lo. Lembre-se do lema de Franklin D. Roosevelt: "A única coisa que devemos temer é o próprio medo."

O medo faz bullying e é um covarde, e tudo o que temos de fazer para vencê-lo é esquecer que ele existe. Nós podemos fazer isso.

— Dale Carnegie

Superar a preocupação e o medo

Para vencer o medo, devemos primeiro entender o que tememos. É quase sempre algo que ainda não aconteceu, ou seja, inexistente. O problema é algo imaginário, que pensamos e que nos assusta com sua possibilidade.

Para superar seus medos, siga cada um deles até sua conclusão lógica e convença-se de que, no momento presente, as coisas que teme só existem em sua imaginação. Quer venham a acontecer no futuro ou não, o medo é uma perda de tempo, energia e força física e mental.

Convencer a si de que seu medo é imaginário não será suficiente se não treinar sua mente para rejeitar sugestões e combater todos os pensamentos que levam a ele.

Isso significa vigilância constante e mente alerta. Quando os maus presságios e a preocupação começam a surgir, não devemos satisfazê-los e deixá-los crescer, e sim mudar esses pensamentos e focar a mente na direção oposta.

Se seu medo é o fracasso pessoal, em vez de pensar em si como pequeno e fraco, em como está mal preparado para a grande tarefa e que tem certeza de que vai fracassar, pense que é forte e competente, que já realizou com sucesso tarefas semelhantes, e que vai usar toda a sua experiência passada na ocasião presente. Assim, realizará sua tarefa triunfantemente e estará pronto para outras ainda mais desafiadoras. É uma atitude como essa, conscientemente assumida ou não, que o levará a lugares ainda mais elevados.

Esse mesmo princípio de eliminar o medo por meio de pensamentos positivos, cheios de esperança e confiança, pode ser aplicado a todos os medos que diariamente nos assediam. A princípio, será difícil mudar a corrente de pensamentos e deixar de imaginar coisas sombrias e deprimentes. Às vezes, precisamos de ajuda nesse processo. Uma mudança repentina de trabalho para algo que exija concentração mental muitas vezes ajudará.

É o medo que nos faz ficar o tempo todo lutando contra terríveis adversidades em vez de vencê-las. Esse medo vem da falsa crença de uma incapacidade de lidar com o problema, como não conseguir sustentar a si ou à família. Converta esse medo em fé e não fracassará.

O medo, arqui-inimigo da humanidade, pode ser eliminado do pensamento — pode ser erradicado —, mas isso acontece diante enfrentamento. Como disse Emerson: "Faça o que tem medo de fazer e a morte do medo será certa."

Resumo

- Ao enfrentar um problema:
    ◦ Pergunte-se: "Qual é a pior coisa que pode acontecer?";
    ◦ Prepare-se para aceitar o pior;
    ◦ Tente melhorar o que estiver ruim;
    ◦ Lembre-se do preço exorbitante em saúde que pagamos por nos preocupar.
- Para controlar a preocupação, analise o que a está causando:
    ◦ Reúna todos os fatos;
    ◦ Pese os fatos e tome uma decisão. Uma vez tomada, aja!

Superar a preocupação e o medo

- Anote e responda às seguintes perguntas:
  º Qual é o problema?
  º Quais são as causas do problema?
  º Quais são as soluções possíveis?
  º Qual é a melhor solução possível?
- Nenhum problema jamais foi resolvido pela preocupação. Se a energia que usamos ao nos preocupar fosse canalizada para abordagens construtivas, superaríamos medos e apreensões e seríamos pessoas mais saudáveis e felizes.
- É melhor focar no presente, em vez de remoer o passado ou temer pelo futuro. Viva em compartimentos selados que mantenham sua mente no presente.
- Maneiras de minimizar as preocupações:
  º Não dificulte as decisões. Tome a melhor possível e cumpra-a;
  º Entenda onde termina o pensamento construtivo e começa a preocupação;
  º Se houver algo que possa fazer para resolver um problema, faça;
  º Cuide da sua vida. Achamos que temos respostas para os problemas dos outros, mas não temos de controlar a vida deles;
  º Não guarde rancor;
  º Acredite em si mesmo e em sua capacidade de lidar com os problemas à medida que surgem;
  º Deixe de lado a inveja;
  º Não tema a mudança, veja-a como uma oportunidade bem-vinda para crescer;

10 passos para uma vida de realização

- Aprenda a aceitar as coisas que você não pode mudar;
- Não abrace o mundo com as pernas. Teremos menos preocupações se não assumirmos responsabilidades que estão além de nossas habilidades;
- Mantenha a mente ocupada. Enquanto estiver concentrado em algo que lhe interessa ou requer sua atenção, não estará preocupado ou dando corda ao medo;
- Comece agora. Se estiver preocupado ou com medo de fazer algo, faça. Resolver a coisa de uma vez é muito melhor que ficar remoendo-a;
- Aprenda com seus erros. Quando cometer um, analise-o para não repeti-lo.
- A tenacidade compensa. Temos que determinar o que vamos fazer e então agir. Pessoas que ficam procrastinando ou não sabem por onde começar não fazem nada.
- Temos a capacidade de destruir e neutralizar o medo facilmente, simplesmente mudando o pensamento.
- A fé é o antídoto perfeito para o medo. O medo sempre prevê o fracasso; a fé, o sucesso.
- Devemos quebrar o hábito de antecipar catástrofes que talvez nunca aconteçam. A ansiedade e a aflição não apenas nos roubarão a paz de espírito, a força e a capacidade de fazer nosso trabalho, como também preciosos anos de vida.
- Preocupar-se com a realização de seus medos aumenta a probabilidade de que se concretizem.
- O medo só pode ser eliminado do hábito do pensamento se o enfrentarmos.

Tornar-se um verdadeiro líder

Ninguém nasce líder. A maioria das pessoas pode ser treinada para a liderança, mas deve-se adquirir certas características para ser um grande líder. Muitos estudos foram feitos acerca dessas características. Os pontos fortes e as habilidades individuais variam, mas pesquisas indicam que gestores notáveis veem o mundo de maneira semelhante. Os itens a seguir representam as qualidades mais comumente observadas em líderes bem-sucedidos:

1. *Têm valores fortes e altos padrões éticos.* Podemos aprender muito seguindo a filosofia de Sir John Templeton, fundador da Templeton Fund, um dos fundos mútuos mais lucrativos do mundo. Ele baseia suas práticas de negócios na crença de que as pessoas mais bem-sucedidas são as mais motivadas eticamente. Templeton diz que é provável que essas pessoas tenham a compreensão

mais aguçada da moralidade nos negócios e sejam confiáveis, que não enganarão seus clientes;
2. *Lideram pelo exemplo, agindo com integridade tanto na vida profissional como na pessoal.* Líderes eficazes acreditam que as regras se aplicam a todos, principalmente a si mesmos. Estabelecem uma base moral elevada e não pedem aos outros que façam coisas que eles não fariam. Mantêm a palavra nas interações pessoais, bem como nos negócios, e acreditam que manter a integridade não é algo condicional;
3. *Estão bem informados sobre as metas corporativas, do departamento e sobre as mudanças.* Os melhores líderes não se afastam de seus funcionários ou dos desafios de seus negócios. Estão disponíveis para dar conselhos e dispostos a tomar decisões difíceis;
4. *São proativos e motivados para alcançar resultados.* Bons líderes não descansam sobre os louros e nunca estão satisfeitos consigo mesmos. Eles não só acompanham todas as atualizações em seus campos, como também aprimoram seus conhecimentos e sua compreensão em diversas áreas. Leem periódicos e revistas de suas áreas de interesse. Assumem papéis ativos em associações profissionais e comerciais, não apenas para manter contato com os novos desenvolvimentos, mas também para compartilhar suas ideias com colegas de outras organizações. Participam de convenções e conferências e desenvolvem redes de pessoas a quem podem recorrer para obter conhecimentos ou ideias;

5. *São comunicadores fortes e ouvintes excepcionais.* Ouvem os membros de sua equipe e reconhecem que seus funcionários podem contribuir com ideias e sugestões às vezes mais valiosas que as suas. Bons líderes estabelecem climas cooperativos e colaborativos nos quais os funcionários de todos os níveis sabem que sua participação nas decisões é bem-vinda;
6. *São flexíveis sob pressão e mantêm suas emoções sob controle.* Quando confrontados com o fracasso, seu compromisso os impede de sucumbir à derrota. Não deixam que fracassos ou decepções os impeçam de continuar tentando e encorajam seus seguidores;

A pessoa que vai mais longe é aquela que está disposta a fazer e ousar. O barco que quer segurança nunca se afasta da costa.

— DALE CARNEGIE

7. *Têm atitudes positivas.* Líderes eficazes sabem que a prática do pensamento positivo aumenta sua capacidade por duas razões: primeiro, porque descobre capacidade latente, acionando recursos até então desconhecidos; e segundo, porque mantém a mente em harmonia, matando o medo, a preocupação e a ansiedade, e destruindo todos os inimigos do sucesso e da eficiência. Como são pensadores positivos, seus funcionários também serão;
8. *Nutrem a cooperação e a colaboração em sua equipe.* Bons líderes sabem que a competição interna e o con-

flito são causas de baixa produtividade. Incentivam e recompensam a cooperação entre seus funcionários e os diferentes departamentos de sua empresa. Dedicam tempo para conhecer o que impulsiona cada indivíduo de sua equipe e gostam de motivá-los e ajudá-los a ser bem-sucedidos. Grandes líderes entendem as pessoas — o que as leva a agir e reagir da maneira como o fazem. Reconhecem a importância de ser um fator motivador para as pessoas, de apelar aos impulsos e sentimentos dos outros;

9. *Têm a mente aberta a novas ideias e aceitam sugestões.* Mesmo depois que as mudanças e melhorias foram feitas, procuram maneiras ainda melhores de atingir seus objetivos;

10. *Reconhecem e maximizam os pontos fortes nos outros.* Muitas vezes, líderes usam seu poder e sua autoridade para obrigar seus subordinados a seguir ordens. Mas esses não são verdadeiros líderes; conseguirão que suas ordens sejam seguidas, mas nada mais que isso. Verdadeiros líderes desenvolvem a confiança em seus colaboradores (note que os veem como colaboradores, não como subordinados). Isso gera um desejo não apenas de seguir a liderança do gerente, mas também de inovar e implementar ideias próprias que se encaixem nas metas estabelecidas;

11. *São tão responsáveis pelos resultados quanto os outros.* Eles estabelecem padrões, que são compreendidos e aceitos por seus colaboradores, e trabalham para atendê-los. Tomam medidas imediatas para corrigir des-

vios. Reconhecem as próprias limitações e procuram ajuda quando necessário;
12. São eficientes e administram seu tempo de forma eficaz. Líderes fortes desenvolvem bons cronogramas. Aprendem a priorizar e minimizar interrupções e distrações;
13. *Têm visão.* Grandes líderes sabem o que querem realizar e quais passos devem tomar para atingir seus objetivos. Olham além do cumprimento de metas de curto prazo e mantêm o todo bem evidente em sua cabeça;
14. *Não são facilmente dissuadidos.* Quando confrontados com o fracasso, tomam as rédeas e lutam para superar o problema. Um bom exemplo é Tom Monaghan, fundador da Domino's. Ele transformou uma pizzaria em uma rede com milhares de pontos de entrega em domicílio durante um período de cerca de trinta anos. Em 1989, vendeu a empresa. Depois de dois anos e meio, a empresa perdeu o impulso que Monaghan havia gerado. Para salvá-la, ele a comprou de volta e retomou seu cargo de CEO. Sob sua orientação, a empresa expandiu para mais de cinco mil lojas nos Estados Unidos e mais de três mil em outros países.

A essência da liderança é que o líder precisa ter visão — e esta deve articular nítida e vigorosamente em todas as ocasiões. Não pode fazer anúncios incertos.

— THEODORE HESBURGH, EX-PRESIDENTE DA UNIVERSIDADE NOTRE DAME

Atividades de um líder de sucesso

Uma das principais razões de as pessoas serem promovidas a cargos de gestão e liderança é por terem sido eficazes no que faziam antes. Quando isso acontece, seu trabalho é ter certeza de que os outros sejam capazes de fazer as coisas tão bem ou melhor do que você. Um bom funcionário tem certas habilidades, e um bom líder tem outras, totalmente diferentes. Assim, para servir bem em um novo cargo de liderança, você deve aprimorar novas habilidades. Para ser eficaz como gestor, deve equilibrar pessoas e processos. Estar muito focado no desenvolvimento dos funcionários pode colocar sua produtividade em risco. Se tiver a intenção de aperfeiçoar as habilidades de todos e maximizar suas aptidões, poderá se encontrar em uma situação difícil se um membro-chave da equipe sair. Ser muito focado no processo significa que grandes sistemas estão em vigor, mas os funcionários não os entendem por completo nem querem seguir suas etapas. Um gestor focado nas pessoas diria: "Vamos falar sobre o plano e o porquê de fazer as coisas." Um gestor focado no processo diria: "Aqui está o plano e aqui está como faremos as coisas." Com o equilíbrio certo, tanto o comprometimento como a produtividade permanecem em seus níveis mais altos.

Equilibrando motivação e responsabilidade

Alguns acreditam que assim que se tenta responsabilizar as pessoas por seu trabalho, elas perdem a motivação. Não é necessariamente assim. Podemos desenvolver ferramentas para responsabilizar as pessoas por suas metas, objetivos e compromissos e, ao mesmo tempo, mantê-las motivadas. Com o equilíbrio certo, mantemos um bom controle sobre os resultados de nossa equipe e de nós mesmos.

> *Só há uma maneira de convencer alguém a fazer alguma coisa: é fazendo com que ela queira fazer.*
>
> — DALE CARNEGIE

Comunicação e coaching para resultados

Hoje, mais que nunca, o trabalho de um gestor é facilitar o crescimento de seus funcionários. Quando conseguimos criar um ambiente no qual as pessoas obtêm resultados, desenvolvem novas habilidades e são bem-sucedidas, cumprimos nosso maior chamado como gestor e líder de pessoas. Comunicar-se com força e sensibilidade, ser um coach e ajudar os outros a desenvolver suas habilidades são a maior prioridade de um líder.

Podemos ser promovidos ao cargo de gestor quando demonstramos as habilidades e os conhecimentos necessários para nos destacar em nossa área de atuação. Mas o sucesso não depende de nossa realização pessoal, e sim do êxito ao treinar outras pessoas. A transição bem-sucedida de funcionário a gestor exige um novo estado de espírito e novas habilidades. A tabela a seguir mostra as diferenças entre ser um funcionário e um líder de sucesso:

10 passos para uma vida de realização

FUNCIONÁRIO	GESTOR OU LÍDER
Precisa de guia e direção	Usa estratégia e priorização de planos e canais de ação para dar suporte à administração
Adapta-se à estrutura	Fornece estrutura e define políticas
Tem perspectivas de curto prazo	Tem perspectivas de longo prazo
Aceita e cumpre	Desafia, persuade e influencia
Demonstra habilidades em uma área específica	Busca oportunidades para capitalizar os pontos fortes individuais
Tenta entender "o que eu ganho com isso?"	Motiva, dá energia e consegue comprometimento
Evita riscos e conflitos e busca continuidade	Assume riscos, faz reavaliações constantes e aceita desafios e mudanças
Toma decisões de forma analítica	Toma decisões intuitivamente
Quer ser ouvido e entendido	Ouve e busca entender
Identifica o que é necessário para fazer um excelente trabalho	Fornece coaching, apoio, guia e recursos para o sucesso
Busca propósito	Fornece propósito com entusiasmo, paixão e convicção
Anseia por confiança, envolvimento, responsabilidade e propriedade	Solicita dados, depois delega, empodera e faz com que os funcionários assumam responsabilidades
Precisa de afirmação e feedback	Fornece feedback constante
Evolui com reconhecimento e valorização	Consistentemente constrói confiança, demonstra valorização e compartilha os louros
Busca evoluir na carreira	Oferece oportunidades de crescimento

Tornar-se um verdadeiro líder

Não mande, lidere

Peter Drucker, um dos grandes pensadores e escritores sobre gestão, escreveu: "A maior parte do que chamamos gestão consiste em dificultar que as pessoas façam seu trabalho." O que fazem os gestores que levou Drucker a escrever isso? Muitas pessoas em cargos de gestão ou supervisão lidam com seus funcionários como se fossem autômatos, esperando que sigam os procedimentos e não tomem iniciativa, nem usem criatividade e poder cerebral para trabalhar. Sua preocupação é seguir regras, regulamentos, procedimentos e rotinas que ignoram o potencial de cada ser humano que trabalha sob sua supervisão.

Os gestores que realmente lideram seu pessoal, em vez de direcionar seu trabalho, não apenas obtêm melhores resultados para suas empresas, como também desenvolvem equipes de pessoas comprometidas com o sucesso em todos os aspectos do trabalho e da vida.

Líderes são servidores

O verdadeiro líder serve a seu pessoal, e não o contrário. A típica figura geométrica que associamos à maioria das empresas é a pirâmide. No topo está o chefe que dá ordens à gerência, responsável por dar ordens aos supervisores, que, por sua vez, dão ordens aos subordinados. Na base da pirâmide estão os clientes que esperamos estar satisfeitos com o que oferecemos.

10 passos para uma vida de realização

A finalidade de cada camada é servir à anterior. Na abordagem tradicional, os subordinados servem a seus supervisores, os supervisores servem a seus gerentes e todos servem ao chefão. E o cliente, lá embaixo, é praticamente ignorado. Essa estrutura deve ser invertida. O gestor de nível superior deve atender aos gestores de nível médio, que, por sua vez, atendem a seus supervisores de primeira linha, que estão lá para atender aos subordinados — e todos atendem ao cliente.

Bons líderes se preocupam com os membros de sua equipe. Aprendem o máximo que podem sobre seus pontos fortes e suas limitações, seus gostos e desgostos, como agem e reagem. Dedicam tempo para trabalhar com eles, para lhes dar recursos, ferramentas e *know-how* para que façam seu trabalho com eficácia. Não ficam no caminho para ver se cada "i" está pingado e cada "t" cortado.

Em pesquisas sobre o que as pessoas querem de um chefe, entre os primeiros resultados da lista está: *alguém com quem eu possa contar.*

Esse é o chefe a quem o funcionário pode fazer uma pergunta sem medo de que seja considerado idiota, em quem pode confiar porque lhe fornecerá informações, treinamento e sugestões, em vez de fazer exigências, dar ordens e instruções. É o chefe quem ajuda a desenvolver o potencial das pessoas — não apenas as usa como meio de realizar uma tarefa.

Empodere seus funcionários

Verdadeiros líderes "empoderam" seu pessoal. A palavra *empoderar* está na moda na área de gestão hoje, mas, muitas vezes, palavras da moda expressam de forma concisa um conceito. Deriva de um termo legal que significa transferir certos direitos legais de uma pessoa a outra. Na linguagem de gestão de hoje, porém, é usada em um sentido mais amplo — compartilhar um pouco da autoridade e controle que um gestor tem com as pessoas sob sua administração.

Em vez de o gestor tomar todas as decisões acerca de como uma tarefa deve ser feita, as pessoas que a realizarão participam do processo. Quando os colaboradores ajudam a decidir a melhor forma de atingir os objetivos, não apenas obtemos informações mais variadas sobre como um trabalho pode ser feito, como também os colaboradores têm um grande compromisso com seu sucesso.

Gerir x liderar

Gerir enfatiza que as pessoas seguem ordens — muitas vezes sem questionar. "É assim que será feito." Liderar estimula a criatividade das pessoas ao solicitar ideias tanto informalmente no contato do dia a dia como formalmente em reuniões e atividades similares. Gerir é dizer às pessoas qual é a responsabilidade delas. Liderar é empoderá-las, dando-lhes as ferramentas para tomar as próprias decisões dentro de diretrizes aceitáveis para todas as partes envolvidas.

10 passos para uma vida de realização

Gerir foca mais em como as políticas são seguidas, em explicar regras e políticas e aplicá-las. Liderar foca na motivação das pessoas e no ensino de como alcançar seus objetivos (e os da empresa). Quando não funciona como o esperado, esforços são feitos para melhorar o desempenho por meio de mais e melhor treinamento. Ajudar as pessoas a aprender é a ferramenta-chave para obter um desempenho de qualidade.

Gerir foca esforços em *fazer as coisas direito*; liderar enfatiza *fazer as coisas certas*. Há momentos em que é necessário gerir — quando, por razões legais ou similares, é essencial que as coisas sejam feitas de acordo com as regras. É óbvio que os gestores devem garantir que as coisas sejam feitas corretamente, mas esse não é o seu trabalho principal. Fazer cumprir as regras pode ser necessário em tais circunstâncias, no entanto o mais importante é treinar e motivar as pessoas a ser competentes e a desejar fazer o melhor para atender aos objetivos do departamento e da empresa. Conseguir isso com os membros da equipe é o epítome da verdadeira liderança.

Bons líderes não são indecisos nem tirânicos. Não são ignorados nem temidos por seus colaboradores. Supervisores capazes têm a confiança e o respeito de seus funcionários.

Vejamos uma comparação simples entre a maneira como um chefe administra e um líder lidera:

CHEFE	LÍDER
Conduz as pessoas	Guia as pessoas
Inspira medo	Inspira entusiasmo
Diz "Faça"	Diz "Vamos fazer"
Torna o trabalho penoso	Torna o trabalho interessante

Depende da autoridade	Depende da cooperação
Diz "eu", "eu", "eu"	Diz "nós"

Como se tornar um líder

Algumas pessoas relutam em assumir papéis de liderança, pois acreditam que deveriam ter certos traços inatos dos líderes, como carisma, ou uma personalidade intangível que os capacitaria a influenciar os outros.

É verdade que alguns dos maiores líderes do mundo nasceram assim, tinham esse carisma especial que encantava o público. Mas eles são exceções. A maioria dos líderes de sucesso são homens e mulheres comuns que se esforçaram para chegar aonde estão. Liderar é mais fácil para quem tem talentos naturais, mas isso não é essencial. Todo mundo pode adquirir as habilidades necessárias para ser um bom líder.

A liderança é uma arte que pode ser adquirida. Com um pouco de esforço, qualquer pessoa pode aprender a guiar os outros de uma maneira que conquiste respeito, confiança e cooperação sincera.

Desenvolvendo a arte da liderança

Muitos gestores gostam de referir a si mesmos como "profissionais", mas gestão é realmente uma profissão? Profissionais de outras áreas (como médicos, advogados, psicólogos e engenheiros) são obrigados a concluir estudos avançados e passar nos exames de certificação. Não existem tais requisitos para ser um gestor.

Alguns gestores têm formação especial, como em administração de empresas, mas a maioria é promovida e tem pouca ou nenhuma experiência na área. A maioria dos gestores aprende na prática.

Cada vez mais gestores bem-sucedidos estão se esforçando para adquirir habilidades por meio de cursos estruturados, mas a maioria ainda aprende suas técnicas observando as de seus chefes. O modelo que seguem pode ser bom, mas, muitas vezes, os novos gestores são expostos a filosofias ultrapassadas e inválidas de seu chefe.

Liderança é um talento que pode ser desenvolvido. Podemos aprender a guiar as pessoas de uma maneira que conquiste seu respeito, confiança e cooperação sincera.

Para isso, vamos examinar alguns conceitos obsoletos que prevalecem em nossa sociedade sobre liderança nos negócios.

Mito 1: Gestão é igual a bom senso

Quando um gestor foi questionado sobre seu treinamento em liderança, disse: "Quando fui promovido ao meu primeiro cargo de gestão, pedi a um chefe mais experiente algumas dicas sobre como lidar com funcionários que se reportassem a mim. Ele disse: 'Use o bom senso e não terá problemas.'"

O que é "bom senso", exatamente? O que parece ser sensato para uma pessoa pode ser absurdo para outra. A definição de bom senso tem uma base cultural. No Japão, por exemplo, é considerado bom senso esperar por um consenso total antes de tomar qualquer decisão; nos Estados Unidos, essa técnica é muitas vezes ridicularizada, considerada ineficiente e uma perda de tempo. Os costumes culturais não são a única causa de ideias divergentes sobre o que é bom senso. Pessoas diferentes têm visões diferentes sobre o que é bom ou ruim, o que é eficiente ou perda de tempo, e o que funciona ou não funciona.

Tendemos a usar nossas experiências para desenvolver nossa noção de bom senso. O problema é que a experiência individual de uma pessoa fornece apenas uma perspectiva limitada.

Liderança envolve muito mais que a experiência de um indivíduo. Para ser um verdadeiro líder, devemos ir além do bom senso.

Não confiaremos apenas no bom senso para resolver problemas financeiros ou de produção. Apelaremos à melhor experiência possível nessas áreas para obter aconselhamento e informação. Por que, então, devemos recorrer a uma base menos pragmática para lidar com problemas de relações humanas?

Podemos aprender muito sobre a arte e a ciência da gestão lendo livros e periódicos relacionados à área, participando de cursos, seminários e de associações do setor.

10 passos para uma vida de realização

Mito 2: Os gestores devem saber tudo

Os gestores não sabem tudo. Ninguém sabe. Aceite que não tem todas as respostas, mas adquira as habilidades para obtê-las. Uma maneira eficaz é desenvolver contatos com pessoas de outras empresas que já passaram por situações semelhantes. Podemos aprender muito com elas. O networking — fazer contatos com pessoas de outras empresas a quem podemos recorrer em busca de sugestões, ideias e estratégias de solução de problemas — nos ajuda quando precisamos de novas informações e ideias, e nos fornece um valioso recurso contínuo de auxílio na resolução de problemas.

> *Uma das maneiras mais seguras de influenciar a opinião dos outros é levar em consideração suas opiniões e deixá-los se sentir importantes.*
>
> — DALE CARNEGIE

Mito 3: Os gestores devem ser durões

A gestão pelo medo ainda é uma prática comum. E funciona, às vezes. As pessoas trabalham duro quando têm medo de perder o emprego, mas qual é a qualidade do trabalho que entregam? A resposta é "bom o suficiente para não ser demitido". Por isso, essa técnica não é considerada eficaz. Uma gestão competente implica obter a cooperação voluntária dos colaboradores.

Tornar-se um verdadeiro líder

(Um aparte: devemos notar que a alta rotatividade de funcionários não é eficaz; demitir pessoas não é uma boa prática. Causa desânimo e demanda encontrar substitutos, o que custa tempo e dinheiro. Além disso, se os funcionários são membros do sindicato, demiti-los pode ser oneroso.)

Certos gestores se comportam como senhores de escravos. Durante anos, James Miller, consultor de gestão e autor de *The Corporate Coach*, realiza um concurso que premia o melhor e o pior chefe do ano.

Os funcionários fazem as indicações. Miller relatou que recebe muito mais indicações para pior chefe. Uma das principais razões para os funcionários não gostarem de seu chefe, como descobriu Miller, é que este sempre aponta falhas dos subordinados, expressando sarcasmo, debochando dos fracassos e berrando.

Por que as pessoas se comportam assim? Algumas pessoas sempre foram criticadas — por pais, professores e ex-chefes — e presumem que essa é uma ferramenta de comunicação eficaz.

Muita gente levanta a voz ocasionalmente, ainda mais quando está sob estresse. Às vezes, é preciso muita autodisciplina para não gritar. Mas líderes eficazes a possuem. Quando gritamos com as pessoas, admitimos nosso fracasso como verdadeiros líderes. Não podemos obter a cooperação voluntária de nossos colaboradores gritando com eles.

Não conseguimos manter bons funcionários por muito tempo quando os gerimos pelo medo. Quando há poucos empregos na comunidade ou no ramo, as pessoas toleram chefes arbitrários e arrogantes. Mas, quando o mercado de trabalho se abre, os melhores funcionários vão para empresas com um ambiente de trabalho melhor. A alta rotatividade às vezes é cara e devastadora.

Mito 4: Elogios resultam em acomodação

Alguns gestores temem que, se elogiarem o trabalho de um funcionário, ele se acomode e pare de tentar melhorar (sem dúvida, alguns reagem assim). O objetivo é fazer elogios que incentivem o funcionário a continuar com o bom trabalho.

Outros gestores acham que se os funcionários forem elogiados pelo bom trabalho que fazem, vão querer aumento salarial ou bônus. E às vezes acontece. Mas isso não é motivo para não fazer elogios quando necessário. Os funcionários devem saber como são determinados os ajustes salariais, bônus e outras recompensas financeiras. Se a remuneração for renegociada nas avaliações de desempenho anuais, eles devem ter certeza de que o bom trabalho pelo qual são elogiados será levado em conta nessa ocasião.

Alguns gestores consideram o elogio irrelevante. Um chefe de departamento relatou: "As pessoas que supervisiono sabem que estão indo bem quando não digo nada. Se eu tiver que falar com elas, sabem que estão em apuros." Não dar feedback e somente criticar não é eficaz. Lembre-se de que o objetivo é usar reforço positivo, não negativo.

Sim, às vezes se exagera nos elogios. Se as pessoas forem repetidamente elogiadas por cada realização trivial, o elogio começará a parecer superficial. Além disso, funcionários não produtivos podem pensar que estão indo muito bem se forem elogiados em excesso.

A regra de platina

Na gestão de pessoas, a regra de ouro bíblica "Faça aos outros o que gostaria que fizessem a você" é um bom conselho, mas só até certo ponto. As pessoas são diferentes, e tratar os outros como queremos ser tratados não é o mesmo que tratá-los como eles querem ser tratados.

Por exemplo: Linda prefere receber objetivos amplos e gosta de resolver os detalhes de seu trabalho sozinha. Mas seu assistente, Jason, não se sente à vontade quando recebe uma tarefa sem que todos os detalhes lhe sejam explicados. Se Linda delegar algo da maneira que ela mesma prefere, não obterá os melhores resultados de Jason.

Sol precisa de reforço contínuo. Ele só está feliz quando seu chefe supervisiona seu trabalho o tempo todo e lhe assegura que está indo bem. Tanya, no entanto, fica irritada se a chefe supervisiona seu trabalho com muita frequência. "Por acaso ela não confia em mim?", reclama. Não podemos fazer com Tanya o que fazemos com Sol e obter bons resultados de ambos.

Cada um tem o próprio estilo, abordagem e excentricidades. "Fazer aos outros" o que gostaríamos que fizessem a nós pode ser uma maneira menos eficaz de gerir pessoas.

Para ser um gestor eficaz, devemos conhecer cada funcionário e adequar nosso método de gestão à individualidade de cada um. Em vez de seguir a regra de ouro, siga a regra de platina: *Faça aos outros o que eles gostariam que você fizesse.* É preciso achar um meio-termo às vezes, é óbvio. Em algumas situações, o trabalho deve ser feito de uma maneira que talvez não seja a ideal para alguns. Portanto, sabendo com antecedência o que precisa ser feito, podemos antecipar problemas e preparar nossos colaboradores para aceitar suas tarefas.

Os líderes devem produzir mais que o desempenho ideal

Produção, desempenho e lucro são aspectos importantes do trabalho como gestor, mas isso é tudo o que se deve levar em conta? Sem dúvida, para que uma empresa sobreviva, ela precisa produzir resultados. Igualmente importante, porém, é o desenvolvimento de seus colaboradores. Se ignorarmos o potencial das pessoas, a capacidade de nossa equipe de alcançar resultados será limitada. Assim, colheremos benefícios de curto prazo às custas do sucesso no longo prazo e, possivelmente, até mesmo comprometendo a sobrevivência da empresa.

Quando Eliot abriu sua empresa de componentes de computador, foi pioneiro, era uma área nova e em crescimento. Determinado a ser um líder em seu campo, fazia com que seus funcionários mantivessem altos níveis de produtividade e mantinha seus olhos treinados no informe de lucros, mas não dava atenção ao desenvolvimento da equipe. Os membros de sua equipe técnica e administrativa tinham poucas oportunidades de contribuir com ideias ou tomar a iniciativa nos

Tornar-se um verdadeiro líder

projetos. Ao longo dos anos, a empresa de Eliot obteve lucros razoáveis, mas nunca cresceu ou se tornou líder de mercado, como ele esperava. Por ter sufocado o potencial e a ambição de seus funcionários, ele perdeu muitos deles, altamente qualificados, para outras empresas. E, como contava apenas com as próprias ideias, perdeu todas as sugestões inovadoras que sua equipe poderia ter apresentado.

Obtendo o máximo de nossos funcionários

Para obter o máximo de cada funcionário, devemos entendê-los como seres humanos e trabalhar com eles como indivíduos para ajudá-los a assumir e cumprir compromissos de desempenho ainda superior ao atual.

Devemos estar cientes de que os outros têm maneiras pessoais e individuais de ser. Devemos lidar com cada um deles de acordo com sua individualidade, em vez de esperar que respondam às coisas da maneira que faríamos ou de tentar fazer com que todos façam a mesma coisa do mesmo jeito. Vamos explorar alguns aspectos para atingir nosso objetivo de melhorar as relações com as pessoas.

Personalidade

Cada pessoa tem uma personalidade. Devemos reservar um tempo para descobrir como cada um age e reage, o que o anima ou desanima e o que o preocupa. Um grande erro cometido por muitas pessoas é esperar que os outros tenham o mesmo temperamento e modo de compreender as coisas. Não é sábio tratar todos da mesma forma. Alguns precisam de muito mais atenção, ao passo que outros encaram nossa atenção como indiscrição ou condescendência. Há quem precise de reforço constante e quem precise apenas de um tapinha nas costas de vez em quando.

Características excepcionais

Procure os traços que fazem cada indivíduo se destacar dos demais. Laurie é muito criativa. Nas horas vagas desenha, esculpe e escreve poesia. Como isso pode ajudar na relação com ela? Apelando para sua criatividade, podemos fazer com que Laurie enfrente projetos difíceis ou que contribua com ideias e sugestões que podem resolver problemas. Gary é perfeccionista. Seu trabalho é meio lento, mas sempre preciso. Ao lhe dar tarefas cuja qualidade seja primordial, estaremos usando suas habilidades de forma mais eficaz.

Oportunidade

O trabalho de Claudette era chato, mas seu chefe viu que ela tinha muita vontade de aprender e que se esforçaria ao máximo em sua tarefa chata se visse que poderia levá-la a um trabalho mais desafiador. Quando Claudette teve a oportunidade de conhecer outras funções no departamento, pôde se preparar para elas, o que a incentivou a aprender e crescer. Oferecer oportunidades aos outros não se limita a promoções. Certas pessoas não querem a responsabilidade de altos cargos, mas buscam oportunidades para ampliar seus conhecimentos ou realizar trabalhos de maior interesse. David gostava de gente. Ele se relacionava bem com outras pessoas, mas em seu trabalho de contador passava a maior parte do tempo trabalhando sozinho. Quando recebeu a oportunidade de treinar outras pessoas do departamento e de realizar periodicamente reuniões, sua satisfação com o trabalho aumentou e seu desempenho geral foi aprimorado.

Participação

No exercício de seu cargo, as pessoas têm muito mais percepção de como um trabalho deve ser feito. Quando um novo procedimento for implementado ou um novo projeto desenvolvido, faça com que as pessoas participem da determinação de como deve ser feito. Como gestora do departamento, Kathy achava que sabia como o novo projeto deveria ser executado, afinal, ela tinha anos de experiência. No entanto, em vez de elaborar o plano e depois dizer a seus funcionários como seria feito, ela os fez participar dos estágios iniciais do planejamento. Eles não apenas apresentaram ideias excelentes em que Kathy não havia pensado, como também, por fazer parte do planejamento, sentiam-se comprometidos a se esforçar para garantir o sucesso.

Liderança

Bons líderes não estabelecem metas para seus funcionários e dizem como alcançá-las. Bons líderes trabalham com seus funcionários para incentivá-los a definir seus objetivos e lhes fornece as ferramentas necessárias para atingi-los.

Fred era um homem inteligente e um bom funcionário, mas Paul, seu chefe, achava que ele era capaz de muito mais. Fred tinha medo de tomar a iniciativa nos projetos e sempre pedia instruções. Para ajudar com isso, Paul começou a dar a Fred pequenos projetos e o tornou responsável por sua conclusão. Ao aumentar gradualmente a complexidade das tarefas, Paul o ajudou a desenvolver a autoconfiança de que precisava para de fato ter um desempenho excepcional.

Expectativas

Diga aos outros que suas expectativas são altas. Não se contente com trabalho medíocre. Muitos gestores ficam satisfeitos quando seus funcionários atendem a padrões mínimos. Isso pode ser bom se os negócios estiverem prosperando, mas, quando as empresas precisam lutar para se manter vivas, precisamos mais que apenas atender a padrões. Nossos funcionários devem ser encorajados a tentar ser cada vez melhores. De fato, as altas expectativas em relação aos outros permitem que eles saibam que são considerados competentes e confiáveis. Pedir que deem o melhor de si é uma maneira de tratá-los com respeito.

Quando o chefe, a família e, mais importante, a própria pessoa vê seu desempenho melhorar, nada pode impedi-la de se tornar uma verdadeira empreendedora.

Conhecendo as pessoas que nos cercam, usando seus pontos fortes individuais e tratando-as bem, o grupo do qual fazem parte florescerá.

Resumo

- Líderes eficazes seguem estes princípios:
  - Os funcionários respondem melhor à liderança participativa que à autoritária;
  - Os colaboradores devem ter todas as oportunidades de usar seus talentos, habilidades e inteligência;
  - O bom líder estabelece um clima cooperativo e colaborativo, no qual todos sabem que sua participação nas decisões é bem-vinda;
  - Bons líderes se veem como facilitadores. Seu trabalho é tornar mais fácil para seus colaboradores a realização de suas tarefas;
  - Líderes eficazes estão prontos para tomar a iniciativa, para agir em vez de reagir;

10 passos para uma vida de realização

- Os melhores líderes estabelecem altos padrões para si e depois trabalham duro para alcançar seus objetivos;
- Os melhores líderes focam em fazer as coisas e não são facilmente dissuadidos;
- A liderança é um talento que pode ser desenvolvido. Com um pouco de esforço, qualquer pessoa pode aprender a guiar de uma maneira que conquiste respeito, confiança e cooperação sincera;
- Não mande, lidere;
- Os gestores são frequentemente influenciados por equívocos e mitos sobre a gestão. Não siga automaticamente os passos de um antigo chefe;
- Não seja durão nem mole demais. O estilo de gestão mais eficaz está entre esses dois extremos e baseia-se na compreensão do comportamento humano e na aplicação desta no trabalho;
- Elogie trabalhos benfeitos. Um trabalho não reconhecido é como uma planta não regada; a produtividade vai murchar;
- Siga a regra de platina: "Faça aos outros o que *eles* gostariam que você fizesse.";
- Conheça as pessoas com quem trabalha. Ao reconhecer as necessidades e os pontos fortes de cada um, construímos bons relacionamentos e maximizamos sua contribuição para a empresa.

PASSO 9

Ajudar os outros a ser bem-sucedidos

Somos julgados não apenas com base em nosso desempenho, mas também no desempenho das pessoas que supervisionamos. Para ser um líder de sucesso, nosso principal objetivo é desenvolver e cultivar as habilidades e a eficácia de nossa equipe ou subordinados.

Ajudando funcionários novos a começar

A maneira como orientamos e treinamos funcionários novos terá um grande impacto no ajuste deles ao ambiente e às novas tarefas. Vejamos alguns exemplos.

Gloria estava infeliz e frustrada. Era seu primeiro dia no novo emprego e ninguém lhe dava muita atenção. Passou a maior parte da manhã preenchendo papéis no RH e foi instruída a se reportar a Carly Martin, sua nova chefe. Carly a

10 passos para uma vida de realização

havia entrevistado antes de contratá-la e, mesmo sendo muito profissional na entrevista, parecia ser uma boa pessoa. Mas agora, em seu primeiro dia, Gloria não sabia se fora uma boa decisão aceitar o emprego. Carly a cumprimentou de forma superficial atribuiu-lhe uma mesa e deu-lhe um papel com a descrição do trabalho. Duas horas depois, Carly ainda não havia falado com ela.

O primeiro dia de trabalho pode preparar o terreno para o sucesso ou o fracasso, a satisfação ou o descontentamento, a cooperação ou a rebelião. Não importa quão ocupado um gestor esteja, ele precisa passar uma quantidade significativa de tempo com um novo funcionário em seu primeiro dia.

Desenvolva conexão imediata

Planeje a chegada do novo funcionário. Programe seu dia para poder passar pelo menos duas horas com ele logo de cara. Se possível, leve-o para almoçar. Esta é sua chance de conversar de forma informal sobre a empresa e o departamento, além de conhecer o máximo possível o novo membro de sua equipe.

Apresente-o a cada funcionário do departamento e dos outros setores com quem ele vai trabalhar, especificando a função de cada um. Por exemplo: "Marilyn, esta é Gloria, nossa nova analista de mercado. Gloria, Marilyn é responsável pela nossa seção de estatísticas."

Ao apresentar Glória a membros mais graduados da equipe, siga o protocolo da empresa quanto ao uso do tratamento formal ou informal. Mesmo que chame seu chefe de Don, se

Gloria deve se reportar a ele como Sr. Deane, apresente-o dessa maneira.

Orientação

Muitas empresas têm programas de orientação para funcionários novos, que abrange coisas como histórico da empresa, discussões dos produtos ou serviços fornecidos e descrições de benefícios etc. Além disso, o chefe do departamento deve falar sobre sua missão e como o novo funcionário se encaixa no quadro geral.

É importante que o novo funcionário aprenda o mais rápido possível quem é quem no departamento e na empresa. Usar um organograma ajuda, mas muitas vezes ele não conta a história toda. No papel, Don Deane, diretor de marketing, é o chefe. No entanto, ele vai se aposentar e Ken Maynard, gerente nacional de vendas, está sendo preparado para substituí-lo. É importante que Gloria saiba disso, e é algo que não aparece no organograma.

O mais difícil de transmitir a um novo funcionário é a cultura corporativa. Cada empresa desenvolve, ao longo dos anos, uma filosofia, uma abordagem especial para lidar com os problemas, uma singularidade que faz dela o que é. Essa "cultura" é difícil de colocar em palavras e muitas vezes só pode ser absorvida por um funcionário novo ao longo do tempo. No entanto, existem certos aspectos da cultura corporativa que o novo funcionário deve conhecer desde o início.

10 passos para uma vida de realização

Uma maneira de ajudar um funcionário a conhecer o funcionamento interno da empresa é designar um, ou, melhor ainda, dois funcionários para ele, que ficarão disponíveis para responder às perguntas e orientá-lo pelo labirinto de práticas da empresa.

Descrições objetivas acerca do cargo

Um bom começo é reler a descrição do cargo. Descreve bem o trabalho que será feito? Se o novo funcionário usasse isso, faria o que é esperado? Em muitas empresas, a descrição do cargo foi desenvolvida quando a vaga foi criada e nunca foi alterada. A maioria dos cargos é dinâmica, sempre passando por mudanças. Antes de iniciar o treinamento de um novo funcionário, releia a descrição do cargo para ver se está atualizada e, caso não esteja, faça os ajustes necessários.

Uma vez que o novo funcionário tenha estudado a descrição, o gestor deve discuti-la com ele, pedir-lhe que descreva como percebe o trabalho. Uma conversa detalhada sobre a natureza do cargo elucidará mal-entendidos que possam ter surgido.

Treinamento, muito treinamento

Não importa quanta experiência se tenha na área, é importante dar treinamento específico nos métodos e nas técnicas usadas na nova empresa. Em empregos anteriores, a pessoa pode ter feito as coisas de um jeito um pouco diferente, pode ter padrões menos rigorosos ou enfrentado problemas diferentes. Quanto mais tempo for gasto no treinamento de uma pessoa em sua admissão no departamento, menos problemas surgirão depois.

Quem deve dar o treinamento? Algumas empresas usam treinadores especiais, mas na maioria os supervisores treinam seus funcionários. Como somos responsáveis pelo trabalho de nossa equipe, é importante que tenhamos um papel significativo em sua formação. No entanto, nem sempre é possível que o supervisor tenha o tempo necessário para o treinamento completo, de modo que outros funcionários podem ser utilizados para auxiliar. Ao escolher outra pessoa para ajudar a treinar novos funcionários, siga as seguintes diretrizes:

- O treinador deve estar familiarizado com o trabalho;
- Ensine o treinador a treinar. Não presuma que, porque uma pessoa conhece o trabalho, sabe treinar outras;
- Assegure-se de que o treinador tenha uma atitude positiva em relação à empresa e ao trabalho. Se usar um funcionário insatisfeito para o treinamento, ele injetará o vírus do descontentamento no recém-contratado;
- Organize periodicamente uma reunião de feedback com os novos funcionários para revisar o que aprenderam, ver se precisam de mais treinamento e aconselhá-los sobre como podem melhorar.

Para que o funcionário comece com o pé direito e para garantir que progrida satisfatoriamente no cargo, estabeleça um relacionamento de imediato, oriente com cuidado, treine com cautela e dê e receba feedback regularmente.

Comunicação com os membros da equipe

Keith estava intrigado. Havia acabado de passar dez minutos descrevendo em detalhes para sua equipe o processo a ser seguido no novo projeto. Considerava-se um bom comunicador, e isso se confirmava pelo fato de que a maioria de seus funcionários o entendia. Mas, por algum motivo, não conseguia transmitir essas instruções a alguns. Não era nada tão complexo... Por que não entendiam?

Como muitas pessoas, Keith sabia exatamente o que queria que fosse feito e presumia que era só transmitir isso aos membros da equipe, que saberiam o que fazer. Mas as perguntas que alguns fizeram mostraram que não tinham a mais vaga ideia do que era necessário.

Pessoas absorvem informações de maneiras diferentes

Algumas pessoas entendem melhor quando ouvem, outras quando veem.

Tanya era uma pessoa verbal. Ouvia atentamente e quase sempre compreendia tudo. Quando não, fazia perguntas pertinentes e completas. Keith não tinha nenhum problema com Tanya. Gary aprendia observando e fazendo. Compensava suas poucas habilidades verbais com sua compreensão mecânica. Não conseguia manter a atenção em longas reuniões — portanto, perdia pontos importantes —, mas, se o projeto fosse diagramado, ilustrado ou apresentado por meio de demonstração, ele entendia na hora. Então, Keith mostrou a Gary como realizar sua parte no novo processo e ele não teve dificuldade nenhuma de entender.

Leve em conta a velocidade de aprendizagem de cada um

As pessoas não aprendem no mesmo ritmo. Algumas demoram muito mais para entender novos conceitos. Isso não significa que são burras. Sally, uma das representantes do atendimento ao cliente da equipe de Keith, aprendia mais devagar. Quando entrou na equipe, Keith teve muita dificuldade para lhe ensinar o trabalho. Estava quase desistindo, quando o supervisor anterior dela apontou que, embora ela aprendesse devagar, uma vez que dominasse uma área, tornava-se uma das melhores. Esse supervisor aconselhou Keith a ser paciente, e sua paciência valeu a pena quando Sally se tornou uma das funcionárias mais confiáveis e precisas.

Evite usar jargão

Cada área, cada ofício, cada profissão tem sua linguagem particular, seu jargão. Isso é bom na comunicação com pessoas da mesma área. No entanto, cada vez mais as equipes são formadas por pessoas de várias disciplinas, e algumas podem não estar familiarizadas com os jargões.

A formação de Keith era em engenharia, mas sua equipe era composta por especialistas em atendimento ao cliente, suporte técnico, vendas e marketing. Devido a anos de hábito, Keith usava termos técnicos e jargões com frequência ao falar com seu grupo.

Como esses termos não eram compreendidos pelos funcionários que não tinham a formação técnica específica, a comunicação muitas vezes não era bem-sucedida. Ele levou algum tempo para reconhecer isso, ensinar a essas pessoas a terminologia necessária e passou a evitar jargões quando não eram apropriados.

Mantenha feedback contínuo

Muitas vezes achamos que a equipe entende o que se espera dela, mas depois que o trabalho está bem adiantado, descobrimos que alguns interpretaram as instruções de forma diferente do que pretendíamos.

Para evitar seguir na direção errada, mantenha feedback contínuo. No momento em que as instruções forem dadas, faça perguntas sobre os pontos fundamentais. Peça que seus

Ajudar os outros a ser bem-sucedidos

ouvintes lhe digam como interpretam suas instruções. Quando pertinente, pergunte como pretendem segui-las. Se for algo que pode ser demonstrado, peça-lhes para mostrarem o que farão.

Acabe com mal-entendidos antes do início do trabalho. Durante o curso da tarefa, verifique o andamento para garantir que tudo esteja indo conforme o esperado. Não é necessário ficar olhando por cima dos ombros do pessoal, basta estabelecer momentos pré-determinados de checagem para analisar o progresso e garantir que estejam sendo atendidos os padrões determinados, para que não haja surpresas desagradáveis no fim do projeto.

Como na equipe de Keith havia funcionários com conhecimento técnico e não técnico, embora não fosse essencial ao trabalho específico do marketing ou de atendimento ao cliente, isso às vezes os ajudava a entender mais evidentemente o que estavam fazendo.

Ele ofereceu um curso intensivo nesses aspectos técnicos, mas não foi suficiente. Descobriu que estava gastando tempo demais respondendo a perguntas sobre questões básicas, e o próprio trabalho era prejudicado. Para superar esse problema, pediu aos membros mais experientes de sua equipe que ajudassem os colaboradores não técnicos a entender os termos usados. Isso não apenas tirou esse fardo das costas de Keith, como também deu aos colaboradores que precisavam dessa ajuda um meio mais fácil e acessível de obtê-la. Além disso, a capacitação de seus funcionários resultou em uma relação mais próxima entre todos, o que gerou um *esprit de corps* que contribuiu para o sucesso do grupo.

10 passos para uma vida de realização

Funcionários perdidos

Às vezes, independentemente do que façamos, certas pessoas não conseguem aprender a fazer seu trabalho. Antes de desistir e dispensá-los, tente uma abordagem diferente. Jack foi representante técnico durante vários anos antes de ser designado para o grupo de Keith. Era mecânico, e achava difícil aprender o trabalho que deveria fazer no projeto do grupo. Keith explicava, mostrava e fazia junto com ele, mas nada ajudava. Ele percebeu que Jack se sentia sobrecarregado com o projeto. Então, primeiro, explicou a Jack como o projeto se encaixava nas atividades da empresa e quais eram seus objetivos. Fez Jack compreender o esforço maior, para que tivesse uma ampla perspectiva sobre o que estava tentando realizar. Então, dividiu o trabalho de Jack em pequenas tarefas. Ao aprender uma tarefa de cada vez, o medo de Jack acabou e ele se transformou em um colaborador valioso.

Seja um treinador

Provavelmente, a parte mais desafiadora do trabalho do líder é moldar os funcionários em uma unidade dinâmica, interativa e de alto desempenho. Sabemos que os treinadores esportivos moldam seus times e nós, como líderes de equipes, podemos aprender com eles.

Fazemos isso ajudando os membros do grupo a desenvolver seus talentos até a capacidade ideal. Mantemos todos

Ajudar os outros a ser bem-sucedidos

atentos aos objetivos da empresa e aos métodos e técnicas mais recentes que lhes permitirão atingi-los. Nós os ajudamos a aprender o que não sabem e a aperfeiçoar o que sabem. Um bom exemplo é Bob, um vendedor experiente recentemente contratado pela empresa. Devido a seu histórico de sucesso, ele não esperava que seu gestor lhe desse muito treinamento. Achou que seria orientado sobre a linha de produtos e enviado a campo. Mas o gestor de Bob insistiu em lhe dar o mesmo treinamento extensivo que um estagiário de vendas receberia. Bob entendeu. Havia sido campeão de corrida no colégio, mas, quando entrou na equipe de atletismo da faculdade, o treinador lhe dera tanta atenção e treinamento quanto aos outros alunos que nunca haviam competido. Gestores bem-sucedidos têm isso em mente ao contratar um novo funcionário. Mesmo que ele tenha experiência anterior, precisa entender as abordagens da empresa, que podem diferir da vivência prévia dele. A maioria dos gestores não hesita em fazer isso com uma pessoa que não tem experiência, mas, muitas vezes, é negligente quando se trata de alguém mais experiente.

Fizemos muitas pesquisas nos últimos três anos e descobrimos que os líderes que têm as melhores habilidades de coaching têm melhores resultados nos negócios.

— TANYA CLEMENS, VICE-PRESIDENTE DE DESENVOLVIMENTO EXECUTIVO E ORGANIZACIONAL GLOBAL DA IBM

Dez dicas sobre treinamento de funcionários

1. Reúna-se com cada funcionário regularmente para identificar o que ele pode fazer para se tornar mais eficaz e como você pode ajudá-lo;
2. Não espere uma avaliação formal de desempenho para confrontar o mau desempenho. Tome medidas para corrigi-lo assim que for observado;
3. Mantenha um registro contínuo do progresso de cada colaborador. Inclua exemplos de sucessos e fracassos. Observe as áreas onde é necessário melhorar. Dê recomendações específicas para o crescimento dessa pessoa;
4. Ao treinar colaboradores, lembre-se de que as pessoas dominam as tarefas aos poucos. Construa o treinamento dando primeiro pequenas tarefas e depois passe para assuntos mais complexos;
5. Incentive as pessoas que aprendem mais devagar elogiando seus esforços e reforçando o treinamento para ajudá-las a recuperar o atraso;
6. Em vez de trabalhar para atingir várias metas ao mesmo tempo, ajude os funcionários a desenvolver suas habilidades trabalhando em uma meta de cada vez. Quando já estiverem no caminho para alcançá-la, acrescente outra;
7. Devemos ser um modelo por nossa busca de aprendizado e aplicação de novas abordagens no trabalho;
8. Dê dicas, informações e ideias aos membros de sua equipe. Pode ser em forma de artigos que leu e recortou, recursos da internet que enviará por e-mail ou compartilhando novos conceitos verbalmente;

9. Atribua aos colaboradores a responsabilidade por todo um projeto ou parte dele, e dê a eles liberdade de trabalhar sem sua interferência;
10. Se seu treinamento não resultar em melhora, faça a si as seguintes perguntas:
    - Qual foi o objetivo do treinamento?
    - O que fiz para atingir o objetivo?
    - Que ação resultou do treinamento?

Depois, peça ao funcionário que responda às mesmas perguntas e compare os resultados.

Treinando a equipe

Como hoje o mais comum é que se trabalhe em equipes, não é suficiente treinar cada membro para chegar a um desempenho excelente. É igualmente importante fundir os membros do grupo em uma unidade de trabalho coordenada.

Para uma equipe nova, isso começa com uma orientação completa sobre os objetivos — o que se espera de cada funcionário e da equipe como um todo. Isso pode ser feito em grupo ou, quando um novo membro entra, individualmente.

Vejamos Erica, líder de uma equipe de tecnologia da informação.

Quando recebe um novo projeto, ela passa o primeiro dia ou mais discutindo com sua equipe — tanto individualmente como em grupo. Ela comentou: "Quanto mais tempo eu

10 passos para uma vida de realização

faço isso, maior é a taxa de sucesso." Erica aproveita a experiência que vários membros da equipe tiveram com projetos semelhantes e, juntos, planejam toda a operação. À medida que o projeto avança, ela acompanha o progresso de cada funcionário e intervém com assistência, treinamento ou o que for necessário para torná-lo mais eficaz no trabalho.

Incentive seus funcionários

Assim como o treinador de um time incentiva os jogadores antes do jogo e durante os intervalos, os líderes de equipe sabem que as palavras de incentivo estimulam a produção e revigoram os membros quando o entusiasmo diminui. Palavras de incentivo vão além de gritar "Vamos arrasar, pessoal!". O líder eficaz fornece à sua equipe a compreensão do que precisam mudar para obterem melhores resultados e trabalha com eles para fazer essas mudanças.

As palavras de incentivo ajudam a impulsionar a equipe no curto prazo — e muitas vezes isso é suficiente para tirá-la da rotina. Para um efeito mais duradouro, devemos manter a equipe alerta em seu progresso. É importante elogiar cada conquista, comemorar o alcance de metas intermediárias e dar reconhecimento aos membros da equipe que fazem um trabalho excelente.

Bons líderes, como bons treinadores esportivos, treinam as pessoas para dar a si mesmas palavras de incentivo. Ao mostrar aos colaboradores que confiamos em sua capacidade e ajudá-los a construir essa autoconfiança, estamos desempenhando uma das funções mais importantes de nosso trabalho como gestor/coach. Coachs bem-sucedidos trabalham com as pessoas para manter o ânimo quando estão deprimidas, para retreiná-las quando esquecem os fundamentos do trabalho e para colher os louros de seu sucesso junto com elas. Entendem a personalidade das pessoas e criam programas motivacionais para melhor aproveitar esses fatores. Coachs eficazes não desistem facilmente quando algumas pessoas não atendem às expectativas. Trabalham com seus funcionários e fazem o melhor para levá-los aos altos padrões estabelecidos para a equipe.

Bons líderes reconhecem o desempenho excelente, bem como todas as melhorias. Quando conquistas especiais são alcançadas, o líder elogia a equipe e reitera que os esforços cooperativos de todos contribuíram para a conquista. Às vezes o gestor pede pizza ou sorvete para todos quando uma parte significativa de um projeto é concluída com sucesso. Outras vezes, organiza um churrasco em sua casa para todos os seus funcionários e familiares quando um projeto complexo é concluído.

Qualquer tolo pode criticar, condenar e reclamar, mas é preciso caráter e autocontrole para compreender e perdoar.

— DALE CARNEGIE

Forme uma equipe motivada

Nosso treinamento será mais eficaz se soubermos como motivar melhor nossos funcionários individualmente. Se não tivermos um bom controle sobre isso, estaremos fadados a gastar grande parte do tempo apenas superando a resistência a novas tarefas e projetos. Muitas vezes ouvimos dizer que as pessoas resistem à mudança. E, em grande medida, isso acontece porque não veem necessidade, não são atraídas ou quando acham que não alcançarão o sucesso no ambiente alterado. Sempre que impomos mudanças, criamos resistência. O coach eficaz aborda as preocupações de seus funcionários sobre as mudanças e cria uma atmosfera na qual eles sejam constantemente motivados a atingir altos níveis de desempenho.

Forneça recursos

O gestor eficaz garante que todos os recursos necessários para o processo de treinamento estejam disponíveis. Isso inclui o fornecimento de tempo, dinheiro, equipamentos, informações e apoio e adesão da chefia — e, o mais importante, um compromisso pessoal com o sucesso de todos os envolvidos. Devemos garantir que os recursos apropriados estejam disponíveis. Nada é mais frustrante que receber uma promessa e não vê-la sendo cumprida. Pode fazer seus funcionários sentirem como se tivessem armado para eles falharem.

Ajudar os outros a ser bem-sucedidos

> *Um bom treinador faz com que seus jogadores vejam
> o que podem vir a ser, e não o que são.*
>
> — Ara Parseghian, treinador de futebol
> americano da Universidade de Notre Dame

Seja um mentor — e ajude outros a se tornarem mentores

Uma das melhores abordagens para o desenvolvimento de nossos funcionários é incentivar os mais experientes a orientar os menos. Por exemplo, um funcionário mais experiente passa a ser mentor de um mais jovem. A pessoa que recebe a mentoria terá não só uma vantagem inicial para evoluir, como também mais conhecimento sobre o trabalho, as sutilezas e nuances ou contribuições para a empresa e os truques do setor.

Seria um grande benefício para as empresas se todos tivessem um mentor. Como líderes, devemos considerar a mentoria como um requisito de trabalho não apenas para nós, mas também para todos os colaboradores experientes. Ao estruturar um programa de mentoria e atribuir a nossos melhores funcionários a responsabilidade de orientar um novo colaborador, damos um passo gigantesco para que o recém-chegado seja produtivo e esteja no caminho do crescimento pessoal.

Um programa estruturado de mentoria exige que os escolhidos para serem mentores estejam dispostos a aceitar a tarefa. Compelir alguém a ser mentor é autodestrutivo. Nem todo mundo está interessado ou qualificado. No entanto, se, em nossa opinião, a pessoa que recusa a tarefa é qualificada, mas é tímida ou não tem autoconfiança, devemos ter uma conversa franca com ela, mostrar que, ao aceitar a tarefa, tanto o novo funcionário como ela vão se beneficiar. Pessoas experientes na arte da mentoria devem treinar novos mentores.

Tanto o mentor como o mentorado se beneficiam. Obviamente, os mentorados aprendem muito com o processo, mas igualmente importante é que os mentores aprimoram suas habilidades para poder transmiti-las. O senso de responsabilidade dos mentores aumenta à medida que vão guiando seus mentorados pelo labirinto da cultura e políticas da empresa. Também os torna mais eficazes em seus relacionamentos interpessoais.

Mentor é alguém que vê mais talento e habilidade dentro da pessoa que ela mesma, e ajuda a pô-lo para fora.

— BOB PROCTOR, ESCRITOR, PALESTRANTE E COACH DE SUCESSO

Dez dicas para novos mentores

Quando recebemos uma tarefa de mentoria, devemos aprender o máximo possível sobre isso. Se já teve uma experiência bem-sucedida com um mentor, pode usá-lo como modelo. Senão, procure outro bem-sucedido e aprenda com ele.

Ajudar os outros a ser bem-sucedidos

Aqui estão dez coisas para levar em conta:

1. *Conheça o trabalho.* Revise o básico. Pense nos problemas que enfrenta e como lida com eles. Esteja preparado para responder a perguntas sobre todos os aspectos do trabalho;
2. *Conheça o máximo possível sobre a empresa.* Uma das principais funções de um mentor é ajudar o novato a superar os obstáculos das políticas e práticas da empresa. E o mais importante: por estar na empresa há algum tempo, você conhece o funcionamento interno, a verdadeira estrutura de poder, sua política. Dito isso, não é aconselhável fofocar ou compartilhar opiniões sobre um grupo ou indivíduo da empresa. Transmita apenas informações objetivas e factuais;
3. *Conheça seu mentorado.* Para ser um mentor eficaz, você precisa reservar um tempo para conhecê-lo o máximo possível. Saiba mais sobre sua formação, emprego anterior, atual e outras coisas. Conheça seus objetivos, ambições e interesses fora do trabalho. Observe os traços de sua personalidade e acostume-se com seus meios de comunicação preferidos — cara a cara, por escrito, telefone, e-mail, mensagens etc.;
4. *Aprenda a ensinar.* Se tiver pouca experiência, pegue dicas sobre métodos de ensino com os melhores mentores que conhece. Leia artigos e livros sobre técnicas de mentoria;
5. *Esteja disposto a aprender.* É essencial continuar aprendendo — não apenas as técnicas mais recentes de sua área, mas os avanços em seu setor, comunidade empresarial e campo geral da administração;

10 passos para uma vida de realização

6. *Seja paciente*. Algumas pessoas aprendem mais devagar. Demorar a se acostumar com um novo emprego não significa que o indivíduo é burro. Se seu mentorado não entender de imediato as coisas, seja paciente. Pessoas que aprendem mais devagar geralmente se tornam membros produtivos da equipe;
7. *Seja gentil*. Você não é um sargento treinando um recruta em sobrevivência na selva. Seja gentil, mas firme, e mostre que espera o melhor de seu mentorado;
8. *Não tenha medo de correr riscos*. Dê ao mentorado atribuições que desafiarão suas capacidades. Informe que erros podem ocorrer, mas que a melhor maneira de crescer é assumindo tarefas difíceis. Os fracassos devem ser encarados como experiências de aprendizagem;
9. *Celebre os sucessos de seu mentorado*. Mostre que está orgulhoso das realizações e do progresso dele. Quando algo significativo for alcançado, informe tanto seu mentorado como os outros;
10. *Incentive seu mentorado a se tornar mentor*. A melhor recompensa que podemos obter sendo mentor é que, uma vez que a mentoria acaba, nosso mentorado dê continuidade ao processo e se torne mentor.

A mentoria é um cérebro para instigar, um ouvido para ouvir e um empurrão na direção certa.

— JOHN CROSBY, EXECUTIVO

Ajudar os outros a ser bem-sucedidos

Corrigindo erros

Mesmo as pessoas mais competentes cometerão erros no trabalho de vez em quando. É responsabilidade do gestor corrigir esses erros. Para manter o ânimo e obter o melhor de nossos funcionários, devemos fazer isso sem causar ressentimento nem fazer com que o colaborador se sinta inadequado ou inferior. Talvez fiquemos frustrados, chateados ou até irados com a situação, mas esse não é o momento nem o lugar para perder a cabeça, reclamar ou gritar com a pessoa que cometeu o erro. Aborde cada situação assim que ela surgir. Não espere até que a situação atinja proporções intoleráveis e depois exploda de raiva. Portanto, seja o mais direto possível, enquanto a situação e as respostas forem gerenciáveis.

Nove ações para corrigir erros

Aqui estão algumas sugestões para corrigir erros diplomaticamente, ensinar o colaborador a corrigi-los e evitar que aconteçam no futuro:

1. *Pesquisar.* Pesquise para ter certeza de que tem todos os fatos antes de discutir o assunto com o colaborador. Seu objetivo não é defender um caso no tribunal, e sim coletar informações. Mantenha a mente aberta e olhe além dos fatos para entender melhor as motivações;

2. *Conexão*. Quando for falar com a pessoa que cometeu um erro, é melhor começar deixando-a à vontade e reduzindo a ansiedade. Uma maneira de fazer isso é começar com um reconhecimento honesto baseado em evidências. Em vez de apenas um elogio geral, escolha um comportamento. Siga a política de manter relações profissionais calorosas para que o outro esteja aberto à sua opinião.
Conduza a conversa em particular. Não diga nem faça nada que possa fazer a pessoa passar vergonha na frente dos outros. Adote a atitude e as ações que quer que a outra pessoa exiba. Se falar baixinho e calmamente, é provável que o outro faça o mesmo. Se considerarmos o erro pequeno e fácil de corrigir, o outro pode achar o mesmo;

3. *Compreenda a situação*. Essencial para o sucesso na correção de um erro é focar no problema, não na pessoa. Elimine os pronomes pessoais e despersonalize o problema. A ação foi errada, não a pessoa. Dê a ela a chance de explicar o que aconteceu e mostre o que sabe sobre o problema. Ouça para entender e determinar se a pessoa está aceitando a responsabilidade ou evitando-a, culpando os outros. Seu objetivo é reunir fatos e informações para poder identificar com precisão o problema e determinar por que aconteceu. Se não acusar nem tirar conclusões precipitadas, várias perspectivas surgirão e a causa do problema deve ser identificada.
Em vez de atribuir um rótulo ou traço negativo ao indivíduo, formule seus comentários em termos não acusatórios.

Ajudar os outros a ser bem-sucedidos

Por exemplo, em vez de dizer "Não há informações suficientes sobre questões de segurança no relatório", diga: "Este relatório é muito abrangente; seria ainda mais eficaz se a seção sobre segurança fosse mais detalhada." Em vez de comentar "Por que foi tão descuidado com essas estatísticas?", diga algo como "As estatísticas têm que ser precisas". Se apropriado, explique o que fazer para resolver o problema. "Joe Smith tem os números mais recentes. Pode conversar com ele hoje?", ou "Ligue para Mary Ross da X-Tech e informe a data de envio do relatório corrigido".

A maneira como o colaborador se relaciona com o problema — suas ações, atitude e comportamento nessa discussão — determinará os próximos passos que você deve seguir;

4. *Restaurar o desempenho*. O objetivo aqui é resolver o problema, reduzir a chance de o erro acontecer de novo e restaurar o desempenho da pessoa. Envolve também evitar que o erro volte a acontecer.

Este passo será diferente com o colaborador que aceita a responsabilidade do que fez e com aquele que culpa os outros. Com o funcionário responsável, questionamento, escuta e treinamento eficazes podem ser usados para incentivá-lo a sugerir maneiras de corrigir a situação, além de envolvê-lo na análise do problema e no processo de tomada de decisão.

Com o funcionário que não assume a culpa, talvez o gestor precise primeiro reafirmar as expectativas de desempenho e orientá-lo a aceitar a responsabilidade pelo ocorrido.

10 passos para uma vida de realização

5. *Tranquilizar.* Este passo é focado na pessoa. Lógico que uma pessoa que comete um erro pode se sentir, até certo ponto, fracassada e tenderá a abordar a próxima oportunidade com menos confiança. Portanto, o gestor precisa ajudá-la a enxergar a situação em um contexto diferente.

    O colaborador precisa ter certeza de seu valor e importância para a empresa e do apoio e incentivo do gestor. Deve sair da reunião motivado a atingir seu desempenho ideal, pois percebe um relacionamento sólido com a empresa.

    A pessoa que culpa os outros ou evita se responsabilizar deve sair com um senso de responsabilidade e a compreensão de quais são as expectativas da empresa. Também deve entender que estamos interessados e comprometidos com seu sucesso e crescimento.

6. *Reter o funcionário.* Se lidarmos bem com as etapas anteriores, aumentaremos as chances de reter a pessoa e aumentar seu comprometimento. Perdoar erros também reforça o ânimo de toda a nossa equipe; cria confiança e aumenta o nível de compromisso e ética de trabalho.

7. *Reafirmar.* Se o desempenho não melhorar ou o colaborador parecer não entender o problema, nosso próximo passo é reafirmar os fatos, a seriedade, a política e a solução adequada para a questão; isso dá à pessoa mais uma chance de fazer o que é certo.

8. *Repreensão.* Quando a pessoa se recusa a aceitar a responsabilidade, talvez seja preciso alertá-la formalmente antes de tomar qualquer outra providência. A maioria das empresas tem políticas e procedimentos que devem ser seguidos antes que se possa tomar uma ação disciplinar e é importante respeitá-los.

9. *Desligamento.* Às vezes, descobrimos que o funcionário não é adequado para uma determinada tarefa, projeto ou, em alguns casos, para uma parte importante das atividades do departamento. Talvez seja preciso explorar quais são seus pontos fortes, interesses e objetivos e buscar um ajuste melhor para ele dentro da empresa. É uma injustiça para os funcionários e para a empresa quando perpetuamos uma situação na qual os indivíduos sentem que nunca poderão ser bem-sucedidos.

O último recurso quando as tentativas de treinar um funcionário com baixo desempenho não têm sucesso é desligá-lo — substituí-lo na área, realocá-lo ou demiti-lo. Não se esqueça de cumprir todas as políticas da empresa ao tomar essa decisão.

Resumo

- O trabalho do líder é garantir que todos os membros da equipe conheçam os objetivos da empresa e os métodos e técnicas mais recentes que permitirão atingi-los. Isso

os ajuda a aprender o que não sabem e a aperfeiçoar o que sabem;
- Para ser um líder de sucesso, nosso principal objetivo é desenvolver e cultivar as habilidades e a eficácia de nossa equipe ou membros dela;
- Uma maneira de ajudar um funcionário novo a conhecer o funcionamento interno da empresa é designar um ou, melhor ainda, dois funcionários mais antigos, que estarão disponíveis para responder a perguntas e orientá-lo pelo labirinto de práticas da empresa;
- Antes de iniciar o treinamento de um novo funcionário, releia a descrição do cargo para determinar se está atualizada e, caso não, faça os ajustes necessários;
- Não importa quanta experiência uma pessoa tenha, é importante que lhe forneçamos treinamento específico nos métodos e técnicas que usamos;
- À medida que for dando as instruções, faça perguntas sobre os pontos principais. Peça ao novo funcionário que diga o que está entendendo. Quando pertinente, pergunte a ele como pretende segui-las;
- Assim como o treinador de um time esportivo está constantemente alerta para identificar áreas onde cada jogador pode melhorar, gestores bem-sucedidos procuram trabalhar com cada funcionário a fim de aprimorar suas habilidades, para que possam se tornar ainda mais eficazes em suas atividades;
- Por mais que hoje o trabalho seja feito em equipe, não é suficiente treinar cada membro para ter um desempenho excelente. É importante fundir os funcionários em uma unidade de trabalho coordenada;

Ajudar os outros a ser bem-sucedidos

- Assim como um treinador esportivo diz palavras estimulantes ao time antes do jogo e durante os intervalos, um líder deve usar palavras de estímulo para aumentar a produção e o vigor dos funcionários quando o entusiasmo diminui;
- Bons líderes reconhecem todas as melhorias e pontos positivos. Quando conquistas especiais são alcançadas, o líder elogia a equipe e reitera como o esforço cooperativo contribuiu para a conquista;
- Uma das melhores abordagens para desenvolver nosso pessoal é oferecer mentoria. Isso dá ao mentorado uma vantagem inicial e conhecimento útil sobre o trabalho, o funcionamento da empresa e os truques da área;
- Para evitar ressentimentos e assegurar a cooperação, ao corrigir os erros de um funcionário, foque no problema, não na pessoa;
- Ao lidar com colaboradores que não cumpriram os padrões de desempenho, siga os procedimentos para corrigi-los diplomaticamente.

PASSO 10

Viver uma vida harmoniosa

Todo mundo quer ser feliz e viver em um ambiente tranquilo. Mas no trabalho, em casa ou em qualquer âmbito da vida podem surgir conflitos que perturbam a harmonia. Muito tem sido escrito sobre como criar e manter uma família feliz. Neste livro, focaremos em manter a harmonia no local de trabalho. Mas não esqueça de que a maioria das sugestões sobre resolução de conflitos também são aplicáveis em nossa família e grupos sociais.

Como gestores ou líderes de equipe, devemos estar alertas aos sinais de conflito e tomar medidas para evitá-lo, se possível, e resolvê-lo rapidamente.

É natural que em uma grande empresa haja mal-entendidos, insatisfações e queixas. Só porque a administração não tem conhecimento de conflitos não significa que não existam. Pode significar que não há como o funcionário levar os conflitos à atenção da administração. O canal de comunicação pode estar bloqueado em algum ponto no caminho.

Problemas não descobertos, ajustados ou elucidados apodrecem na mente dos envolvidos. A qualquer momento, talvez no trabalho ou na vida pessoal, a pessoa se encontrará obcecada com o que fazer em relação a determinado problema. A preocupação distrai e não dá paz. No trabalho, o foco de um funcionário em um problema contínuo pode se manifestar em uma tarefa malfeita, lentidão proposital, absenteísmo e/ou alta rotatividade. Isso pode levar a um sério antagonismo entre os funcionários. É importante que todos tenham meios de levar reclamações e conflitos a quem tenha autoridade para corrigir o problema.

Estabelecer comunicações abertas

A maioria das pessoas e empresas mantém os canais de comunicação abertos. Para ajudar a resolver conflitos, é preciso garantir que exista esse canal de comunicação entre a administração e cada funcionário, e vice-versa. Todas as políticas e procedimentos devem ser transmitidos a todos os colaboradores. Isso pode ser feito na forma de um manual de fácil leitura e reuniões de supervisores com seus subordinados para elucidar e reforçar o conteúdo dos manuais. Quando ocorrem violações específicas, os supervisores devem conversar pessoalmente com os infratores antes que se tome uma ação disciplinar.

Para os funcionários, não é difícil obter informações da administração, mas obter informações dos funcionários não é tão fácil para a administração. A pessoa-chave aqui é o supervisor ou líder de equipe, que será mais eficaz se ganhar a confiança de seus subordinados. Os colaboradores devem sentir que não é apenas "seguro", mas também útil levar suas reclamações ao chefe e que todas serão tratadas prontamente e de forma justa.

> *Líderes bem-sucedidos veem as oportunidades em cada dificuldade, e não a dificuldade em cada oportunidade.*
>
> — REED MARKHAM, EDUCADOR NORTE-AMERICANO

Mantendo a paz

Se as divergências ou a hostilidade sobre um assunto ficarem ocultas, podem haver ramificações graves. As pessoas envolvidas deixarão de cooperar na área de conflito, como também em outros assuntos. Todas as partes que possuem envolvimento devem fazer um esforço para aliviar a tensão. Veja algumas orientações:

1. *Aborde o problema quando os ânimos estiverem calmos.* Pouco pode ser realizado quando os envolvidos estão com raiva ou estressados. Se achar que o assunto está muito inflamado para lidar no momento, adie. Se não houver urgência, você pode agendar uma reunião. Se

exigir uma ação mais rápida, até uma pequena pausa pode servir para reduzir a tensão. Observe, no entanto, que não se deve esperar *muito* tempo — as tensões podem ficar "incrustadas" nas pessoas e, quanto mais elas repetem a "história negativa" para si, mais "verdadeira" se torna em sua mente;

2. *Antes de reunir as partes, converse com cada uma separadamente para conhecer seu lado da história.* Faça perguntas que propiciem boas informações, como:
   - Mara, diga-me como você vê essa situação.
   - Quando você discutiu isso com Corey, o que ele propôs?
   - Como você reagiu quando ele disse isso?
   - Por que isso a incomodou?
   - Por que acha que Corey não consegue entender seu ponto de vista?
   - O que posso fazer para ajudar?

A seguir, fale separadamente com Corey e faça as mesmas perguntas;

3. *Escolha um lugar neutro.* Se a disputa for entre líderes ou membros de grupos diferentes, leve todas as partes envolvidas a uma sala de reunião que não seja habitual para nenhuma delas. Quando a discussão se realiza no local de trabalho de uma parte, a outra pode se sentir pouco à vontade;

4. *Se possível, trate a questão como um problema de equipe.* Digamos que dois colaboradores discordem sobre um assunto. Esse problema é mais que uma disputa entre esses funcionários, pois afeta toda a equipe;

5. *Como facilitador da discussão, não a domine.* Comece de forma amigável. Por exemplo, inicie com um comentário do tipo: "Como vocês dois sabem, concluir este projeto no prazo é de extrema importância. Agora, encontramos um obstáculo que devemos superar. Mara e Corey, este projeto é de vocês, que estão tendo diferenças. Vamos discutir isso e trabalhar juntos para que possamos chegar a um acordo.";

> *Paz não é ausência de conflito, e sim a presença de alternativas criativas para responder ao conflito — alternativas a respostas passivas ou agressivas, alternativas à violência.*
>
> — DOROTHY THOMPSON, ESCRITORA NORTE-AMERICANA

6. *Neutralize a discussão.* Evite comentários acusatórios, apenas sugira que talvez uma das partes esteja certa ou errada. Por exemplo, em vez de dizer "Mara, você não levou em conta o fator custo", diga "Vamos analisar os custos". Apontar o "erro" de Mara a coloca na defensiva. Esse conselho é igualmente verdadeiro em situações fora do trabalho. Quando nossos filhos estão brigando,

é melhor nos abstermos de apontar imediatamente o erro ou mau comportamento de um deles;

7. *Fale sobre o problema, não sobre a pessoa.* Muitas vezes, os oponentes em conflitos encontram defeitos uns nos outros e/ou se culpam mutuamente pelo problema. Ouvimos coisas como "Ela nunca dá atenção ao que eu digo" e "Ele fica me dizendo o que fazer". Esse tipo de declaração reflete o que está por trás do problema, mas não o aborda. Para levar a discussão adiante de uma maneira positiva, direcione-a para o problema. Por exemplo, você pode dizer "Diga como a carga de trabalho é distribuída", ou "Quais aspectos do trabalho estão causando mais problemas?";

8. *Pare de falar e ouça.* Lembre-se: temos dois ouvidos e uma boca para que possamos ouvir o dobro do que falamos. Os problemas não podem ser resolvidos quando não conhecemos todas as suas facetas. Incentive as partes a falar livremente, ouça e entenda;

9. *Aja de acordo com o que ouviu.* Seu trabalho é resolver o conflito para que o projeto possa continuar de forma satisfatória. Se for bem-sucedido, não apenas resolverá um problema, mas também conquistará a confiança de sua equipe.

Viver uma vida harmoniosa

Superar o conflito sem ressentimentos

Administrar nossas reações emocionais é fundamental para manter os canais de comunicação abertos. Dale Carnegie abordou a importância disso em seus livros *Como fazer amigos e influenciar pessoas* e *Como evitar preocupações e começar a viver*. Ele identificou muitas diretrizes para nos ajudar a sair dos conflitos de maneira produtiva e sem ressentimentos, todas listadas no Apêndice B. Vejamos como usar alguns desses princípios na resolução de conflitos.

Veja o ponto de vista dos outros

Para resolver problemas, é melhor ignorar a própria perspectiva e tentar ver as coisas do ponto de vista do outro.

A reunião do comitê de arrecadação de fundos estava paralisada. Jody, que presidira os últimos três eventos, foi inflexível quanto à continuação do tradicional evento de golfe. "Faz anos que temos o evento de golfe todo mês de maio. Os membros estão ansiosos por isso e sempre deu muito certo financeiramente."

Kat, a atual presidente, destacou: "Sim, Jody, os eventos de golfe deram certo no passado, mas a quantidade de dinheiro arrecadado diminuiu a cada ano. Precisamos tentar outra coisa. Acho que devíamos fazer um leilão silencioso. Em minha instituição de caridade realizamos uma no ano passado. Muitas empresas, restaurantes e até resorts do mundo todo foram convidados a contribuir. Ganhamos milhares de dólares."

Jody: "O evento de golfe não apenas traz dinheiro, como também dá aos nossos colaboradores regulares a chance de presentear os hóspedes com um dia agradável, e também faz com que os recém-chegados se interessem pela organização."

Kat: "Entendo seu ponto de vista. Dar aos nossos membros a chance de participar é importante, mas precisamos encarar os fatos. Durante anos, tivemos o benefício de usar o Springfield Country Club de graça, mas o clube fechou, teremos que encontrar outro local e nenhum dos outros daqui é muito atraente. Com um leilão, nossos membros mais dedicados podem solicitar doações dos muitos varejistas e restaurantes que frequentam. Tenho certeza de que receberíamos contribuições valiosas que os participantes comprariam com prazer."

Depois de pensar nisso, Jody concordou. "Acho que você tem razão. Sem o Country Club, teremos dificuldade para atrair pessoas. O leilão pede que as pessoas participem de uma maneira diferente, mas tenho certeza de que entrarão em contato com as empresas que conhecem com prazer."

Não se preocupe com ninharias

Deixe de lado coisinhas sem importância. Decida quanta ansiedade uma coisa pode valer e se recuse a dar mais. Na maioria das vezes, é tudo ninharia.

Viver uma vida harmoniosa

Com a consciência de que muitos desentendimentos não valem a pena no longo prazo, devemos escolher nossas batalhas e abordar preocupações que possam ter um impacto real em nossos objetivos e relacionamentos.

Sue e Stan estavam planejando um fim de semana na praia. Sue achava que deveriam ficar no West Beck Inn, onde sempre se hospedaram, mas Stan achava que a pousada estava muito cara. Em vez de admitir que ela tinha um apego emocional àquele seu refúgio habitual, Sue começou a falar de forma passiva-agressiva com ele, lacônica. Depois de uma hora assim, Stan disse: "Sue, pelo jeito, algo que eu fiz ou disse a incomodou. Eu adoraria saber o que é." Sue pensou "Como você pode *não* saber o que é?", e recordou que Stan não podia adivinhar o que se passava pela cabeça dela. Ela admitiu que interpretara as palavras dele sobre a pousada como uma indicação de que ele não tinha carinho pelo lugar. Ele disse que entendia, e que também era apegado à pousada, mas que queria aproveitar as férias sem gastar demais.

Eles concordaram em procurar opções mais baratas e encontraram um lugar de que gostaram ainda mais.

Coopere com o inevitável

Se não puder mudar algo que lhe desagrada, precisa aprender a aceitá-lo. Às vezes, uma decisão é tomada ou uma situação vai continuar, independentemente de nossa posição em relação a ela, e ficamos apenas "chorando sobre o leite derramado".

Por exemplo, o pai de Tim foi diagnosticado com pré-diabetes. O médico lhe disse para perder peso e fazer mais exercícios. Tim encorajou o pai a mudar sua dieta e lhe comprou um par de tênis e um pedômetro como incentivo para ele caminhar com mais frequência. O pai de Tim ficou bravo com o filho por "tentar dirigir sua vida" e se recusou a seguir as sugestões do médico. Tim ficou muito frustrado, mas aprendeu a aceitar que a única pessoa que poderia mudar o comportamento do pai era ele próprio.

> *Sempre que está em conflito com alguém, há um fator que pode fazer a diferença entre prejudicar seu relacionamento e aprofundá-lo. Esse fator é a atitude.*
>
> — WILLIAM JAMES, PSICÓLOGO NORTE-AMERICANO

Não busque vingança

Em nossa sociedade, tendemos a glamorizar a vingança — nos filmes, muitas vezes os heróis são pessoas que buscam vingança contra aqueles que os prejudicaram. Mas, na verdade, é apenas mesquinho. Se alguma vez você teve "sucesso" nisso, sabe que não proporciona nenhuma gratificação e só nos faz sentir mal de uma maneira diferente. Raiva, ressentimento e ódio destroem nossa capacidade de aproveitar a vida. Não deixe uma situação ou uma pessoa controlar sua felicidade.

Viver uma vida harmoniosa

> *Celebre a diversidade, pratique a aceitação e que todos possamos escolher opções pacíficas diante do conflito.*
>
> — DONZELLA MICHELE MALONE, PSICÓLOGA E ESCRITORA

Teste de personalidade: esse sou eu?

Muitas vezes, culpamos os outros por causar conflitos, quando a causa real pode estar dentro de nós mesmos. Para entender melhor a si mesmo e como tende a agir em situações de conflito, leia os itens a seguir com atenção e numere-os segundo a escala de respostas:
1. Raramente | 2. Às vezes | 3. Na maioria das vezes.

1. ___ Posso ser influenciado a adotar o ponto de vista do outro.
2. ___ Eu me afasto das pessoas de quem discordo.
3. ___ Quando surgem conflitos, abordo o assunto diplomaticamente e não ataco o indivíduo.
4. ___ Penso que os outros tentam me "intimidar".
5. ___ Expresso meus pensamentos e crenças com tato quando diferem dos outros.
6. ___ Em vez de oferecer minha opinião quando discordo, guardo-a para mim.
7. ___ Ouço o ponto de vista dos outros com a mente aberta.

10 passos para uma vida de realização

8. ___ Quando discordo de alguém, costumo deixar minhas emoções tomarem conta.
9. ___ Levanto a voz para defender meu ponto de vista durante uma discussão.
10. ___ Tendo a menosprezar os outros ao defender meus argumentos.
11. ___ Procuro maneiras de negociar e chegar a um meio-termo com os outros.
12. ___ Já me disseram que sou muito insistente.
13. ___ Expresso minha opinião em qualquer controvérsia.
14. ___ Acho que o conflito nas reuniões é necessário.
15. ___ Sou o mais entusiasmado nas reuniões quando tento transmitir meu ponto de vista.

Pontuação:
Some a pontuação total das questões 1, 2, 4, 6, 8, 9, 10, 12, 13, 14 e 15 e, a seguir, subtraia a soma da pontuação das questões 3, 5, 7, 11. O número resultante é sua pontuação final.

O que esse número significa?
1 a 4: Passivo. Você tende a evitar conflitos. Permite que pessoas difíceis ou com opiniões diferentes "vençam" só para evitar um desacordo, mesmo que a situação resultante não lhe seja muito favorável.

5 a 10: Assertivo. Você é profissionalmente assertivo ao lidar com pessoas difíceis ou com opiniões diferentes. Esse meio-termo é um lugar positivo na escala: você compartilha suas ideias sem provocar conflito. Continue aberto a ouvir diferentes pontos de vista e a expressar suas ideias e opiniões de forma adequada.

Viver uma vida harmoniosa

11 ou mais: Agressivo. Quando não concorda com os outros, chega a ser tão combativo que as pessoas evitam interagir com você. Aprender a ouvir e expressar suas opiniões de forma mais eficaz será benéfico para você.

> *Se aprendeu a discordar sem ser desagradável, você descobriu o segredo de se dar bem — seja nos negócios, nas relações familiares ou na própria vida.*
>
> — BERNARD MELTZER, COMENTARISTA DE RÁDIO

Entendendo as respostas ao conflito

Para a maioria das pessoas, as barreiras à resolução de conflitos surgem quando suas crenças e/ou convicções profundas são desafiadas ou ameaçadas. Para ajudar a "apagar o incêndio", é útil entender as respostas típicas ao conflito.

O conflito afeta os envolvidos de várias maneiras, mas a maioria das pessoas se sente desconfortável quando enfrenta um.

Uma resposta comum a um problema é levá-lo para o lado pessoal e, ao fazer isso, nos envolvemos emocionalmente. Em vez de focar no problema, mudamos o foco para o nosso oponente e achamos que estamos sendo "atacados".

Por exemplo, em uma discussão sobre métodos de introdução de um novo produto, Beth, a principal estrategista de mercado da empresa, fez uma proposta. Megan, gestora regional de vendas, desmereceu seu plano. "É impraticável", disse. "É tudo teoria. Isso nunca funcionará em campo." Ela deixou seu antagonismo em relação aos funcionários que nunca estiveram em campo determinar seus comentários.

Beth deveria ter perguntado a Megan os motivos de ela achar que o plano não daria certo, mas sentiu aquilo como uma afronta pessoal. E tudo que conseguia pensar era: "Essa Megan é cega. E acha que tem todas as respostas. Ela se opõe a qualquer ideia que nossa equipe de marketing apresente."

Quem não consegue separar problemas e desavenças de afrontas pessoais considerará o conflito um ataque pessoal, não vê a questão com nitidez e tende a:

- Ter certeza sobre o assunto em questão e para de considerar outros pontos de vista;
- Ficar ressentido com qualquer oposição;
- Ser relutante a chegar a um entendimento;
- Não assumir a responsabilidade por causar o conflito;
- Responder ao conflito emocionalmente, não intelectualmente.

Se essas reações emocionais não forem deixadas de lado, o impasse não apenas continuará sem solução, como também ocorrerá muitas vezes. Nessa situação, os gestores precisam reconhecer que sua equipe não está abordando o problema real e guiar ambas as partes de volta a uma discussão útil.

Outras pessoas às vezes não levam o desacordo para o lado pessoal, mas se sentem isoladas. Na crença de que são as únicas pessoas a sentir a tensão ou ver o conflito, recuam. Isso não ajuda a mudar a situação.

Viver uma vida harmoniosa

Também há aqueles que assumem que são "derrotados" em qualquer tipo de conflito. Isso se deve à crença de que o "oponente" tem mais influência. A pessoa acredita que vai "perder" e não busca uma solução. Ao permitir que todos os membros da equipe saibam que suas opiniões são importantes e ao fornecer exemplos concretos de como podem compartilhar suas preocupações, o conflito pode ser abordado e resolvido.

Observe que pessoas extremamente sensíveis talvez precisem de treinamento para aprender a compartilhar seus problemas com os outros.

Gestores e líderes de equipe devem pedir com frequência a essas pessoas suas ideias e sugestões.

As pessoas que evitam problemas geralmente:

- Preferem passar os problemas para outra pessoa;
- Ficam chateadas quando não podem evitar o conflito;
- Acreditam que a liderança da empresa é responsável por lidar com o conflito.

Por outro lado, há indivíduos que não se esquivam, anseiam pela batalha e curtem o desacordo. Muitas vezes, acreditam que estão certos e não estão dispostos a aceitar nenhuma outra solução. Por exemplo, Roger e seu gestor, Kyle, discordavam sobre como lidar com um problema. Roger achava que a solução sugerida por Kyle era inadequada e tinha certeza de que não era a melhor. Nada o fazia mudar de ideia. Kyle apontou que o custo da ideia de Roger estava bem acima do orçamento aprovado e que, embora uma alternativa de custo mais baixo não fosse tão infalível, serviria ao propósito de curto prazo e permitiria que eles mantivessem o fluxo de trabalho. Pediu a Roger que concordasse com sua solução e prometeu fazer o possível para obter aprovação de um orçamento mais alto para que o plano dele pudesse ser levado em conta no futuro.

Ao deixar explícito que havia analisado o plano de Roger e o respeitava, Kyle mostrou que seu funcionário era valorizado como um bom colaborador. Roger se sentiu reconhecido e, embora não pudesse ter seu plano aplicado, estava disposto a apoiar a solução alternativa e menos dispendiosa.

Pessoas que parecem gostar de conflitos (e que podem até iniciá-los) podem ser caracterizadas como combatentes. Elas:

- Curtem uma boa briga;
- Acham que o conflito afia a mente e gera soluções criativas para os problemas;
- Às vezes criam situações conflitantes;
- Ficam mais satisfeitas quando vencem a discussão que quando se veem obrigadas a ceder.

Em termos ideais, devemos encarar os conflitos com a mente aberta e nos envolver de maneira construtiva. Devemos ter como objetivo:

- Entender que, como as pessoas veem os assuntos de maneira diferente, às vezes o conflito é inevitável;
- Compreender que muitas pessoas não trazem o conflito à tona, o que provoca ressentimento e falta de cooperação;

Viver uma vida harmoniosa

- Valorizar o conflito como um caminho para criar uma discussão saudável;
- Tentar antecipar problemas que possam levar a conflitos e cuidar deles antes que explodam;
- Usar o processo de conflito como meio de desenvolver mais conhecimento sobre as questões envolvidas;
- Chegar a acordos satisfatórios para ambas as partes a fim de resolver problemas.

Preocupações éticas

Em algumas situações de conflito, às vezes não sabemos se a solicitação ou demanda de uma pessoa é ética ou apropriada. Por exemplo, um cliente pode solicitar um produto grátis ou reembolso, o que não é comum para a empresa. Nesses casos, é necessária a colaboração da administração ou de um advogado para garantir o alinhamento com os valores e práticas da companhia.

Para haver alinhamento, é preciso haver valores compartilhados. Dentro das comunidades, equipes de trabalho, famílias e outros sistemas sociais, os valores servem como uma estrutura que orienta crenças e comportamentos. Quando compartilhados, dão significado e influenciam eventos, comunicações e interações dentro dos grupos, e mantêm as pessoas unidas para que possam alcançar objetivos comuns. Descobrir os valores compartilhados de uma comunidade, equipe de trabalho, comitê ou família é mutuamente benéfico, porque eles:

- Definem regras básicas ou princípios orientadores para comportamentos e ações;
- Moldam a cultura ou ambiente em termos de linguagem, rituais, práticas, crenças e perspectivas;
- Estabelecem um terreno comum a partir do qual colaborar.

Colaboração

Às vezes, a situação que causa desarmonia é complicada e difícil de resolver. Sozinhos, pode ser que tenhamos uma capacidade limitada para lidar com as diversas questões envolvidas na disputa. Ocasionalmente, é melhor recorrer à experiência, conhecimento, criatividade e valores de outros profissionais para levar a situação a uma conclusão bem-sucedida.

As soluções colaborativas permitem que todos os envolvidos sintam que tudo foi feito profissionalmente para resolver a situação. Elas podem ser definidas como o ato de trabalhar em conjunto com uma ou mais pessoas para alcançar algo.

A colaboração de especialistas elimina em nós a pressão de ter todas as respostas para uma situação difícil e traz diversos pontos de vista para um resultado bem-sucedido.

Ela também pode ser uma técnica eficaz para resolver conflitos pessoais. Há momentos em que o ponto de vista objetivo de uma pessoa de fora pode fazer toda a diferença e ajudar a ver soluções viáveis para o que parece um problema sem solução. A colaboração de um especialista ou indivíduo mais experiente é necessária quando:

Falta experiência

A maioria das pessoas se sente desconfortável em situações de conflito quando tem pouca experiência. Quando lidamos com um cliente insatisfeito e não estamos familiarizados com a situação exata, a colaboração do departamento de vendas ou de serviços é importante para lidar com a preocupação do cliente.

Faltam habilidades ou conhecimento

Em algumas situações, percebemos que nossas habilidades ou conhecimento não são suficientes para lidar profissionalmente com o conflito. Por exemplo, podemos precisar de alguém com conhecimentos de informática mais avançados, habilidades de escrita ou de negociação para ajudar a resolver o problema, ou podemos nos encontrar em uma situação que demande a colaboração de alguém com conhecimento jurídico ou contábil.

Solicitar a colaboração nos oferece a oportunidade de aprender com os outros e desenvolver ainda mais nossas habilidades.

Falta objetividade

Todo mundo sofre de falta de objetividade. Estamos acostumados a ver as coisas do nosso ponto de vista. Esse mesmo conceito se aplica a uma equipe. Quando as pessoas trabalham na mesma empresa, recebem treinamento juntas ou compartilham o mesmo ambiente por muito tempo, tendem a pensar da mesma maneira. Quando confrontadas com problemas, chegam às mesmas conclusões. Às vezes, um ponto de vista diferente é necessário para uma abordagem nova (de fato, muitos avanços científicos são gerados por pessoas com pouco conhecimento tradicional da área — tais indivíduos não são limitados pelo entendimento convencional do tema). Pode ser muito útil procurar parceiros com outros pontos de vista.

> *Não é a espécie mais forte que sobrevive, nem a mais inteligente, e sim aquela que se adapta mais à mudança.*
>
> — CHARLES DARWIN

Faltam criatividade e inovação

Em muitas situações de conflito, as opções óbvias de resolução são insuficientes. Nesses casos, procuramos a colaboração de quem pode nos ajudar a pensar além de nossas percepções.

No final da Segunda Guerra Mundial, a Ford Motor Company enfrentou um grande problema: retomar a pro-

Viver uma vida harmoniosa

dução de carros civis após anos produzindo veículos militares de combate. Henry Ford II, presidente da empresa, reconheceu que, para progredir de forma rápida e eficaz, precisava fazer grandes mudanças na administração — e, para isso, precisava procurar fora da empresa.

Ford soubera de um grupo de dez oficiais da Operação de Controle Estatístico da Força Aérea que havia aberto uma empresa para aplicar aos negócios o que funcionara tão bem para eles durante a guerra, e contratou todos.

Esse grupo de "meninos prodígios", como ficaram conhecidos, ajudou a empresa deficitária a reformar sua caótica administração por meio de planejamento, organização e gestão modernos. O grupo trabalhou de forma colaborativa para renovar a empresa e torná-la altamente lucrativa. Um membro desse grupo, Robert McNamara, tornou-se o primeiro presidente da Ford que não era da família. Isso levou à sua nomeação como secretário de Defesa pelo presidente Kennedy.

Falta de pessoal

Alguns conflitos exigem soluções complicadas e demoradas, e reconhecemos que resolver o problema é demais para nós sozinhos. Para encontrar uma boa solução, às vezes é necessário entrar em contato com várias pessoas ou fazer pesquisas para checar fatos. Procure colaboração quando precisar de mais tempo, habilidades ou conhecimento.

O networking é muito útil em momentos em que precisamos aumentar nossa equipe. Pessoas bem-sucedidas desenvolvem uma rede pessoal com outros indivíduos talentosos desde o início de sua carreira. É fácil fazer isso. Quando conhecemos pessoas — socialmente, em reuniões de associações comerciais ou profissionais, em eventos comunitários —, devemos inseri-las em nossa rede, anotando quem é o indivíduo, sua experiência, onde o conhecemos e outras informações pertinentes.

Somos colaborativos? Um exercício de autoavaliação

Colaboração e cooperação não se limitam ao local de trabalho. Ao adaptar uma abordagem colaborativa a cada fase de suas atividades, você enriquece muito sua vida.

O primeiro passo é avaliar até que ponto você é colaborativo. Assinale as afirmações que descrevem sua atitude na maioria das vezes.

1. ( ) Escuto mais do que falo.
2. ( ) Peço às pessoas que me falem sobre seus interesses.
3. ( ) Tento imaginar como me sentiria se estivesse na situação do outro.
4. ( ) Quando alguém me fala sobre suas experiências, reflito sobre as minhas.
5. ( ) Tenho a tendência a julgar as ações das pessoas.
6. ( ) Procuro ver as coisas do ponto de vista do outro.

7. ( ) Formo opiniões com base na capacidade que as pessoas têm de atender às minhas expectativas.
8. ( ) Sou sensível ao humor das pessoas.
9. ( ) Prefiro trabalhar sozinho.
10. ( ) Prefiro trabalhar com os outros.
11. ( ) Sou mais interessado nas ações dos outros que em seus sentimentos.
12. ( ) Fico impaciente quando as pessoas falam comigo sobre sentimentos e opiniões. Não preciso de muitos detalhes, só quero saber o que querem de mim.
13. ( ) Não há nada que eu possa fazer para resolver os problemas de outra pessoa.
14. ( ) Não tenho tempo para ouvir os problemas dos outros.
15. ( ) Quero saber como o outro se sente em uma situação de conflito.
16. ( ) Sei como as pessoas de minha equipe vão reagir na maioria das situações.
17. ( ) Prefiro trabalhar com pessoas que compartilham meus interesses e valores.
18. ( ) Recebo ótimas ideias dos outros.

Se assinalou as afirmações 1, 2, 3, 4, 6, 8, 10, 15, 16 e 18, você é um forte colaborador. Se assinalou as afirmações 4, 7, 9, 11, 12, 13, 14 e 17, precisa trabalhar para ser mais receptivo e paciente, e melhorar suas habilidades colaborativas.

10 passos para uma vida de realização

Procedimento para impulsionar a colaboração

Ao implementar o procedimento descrito a seguir, tenha em mente os valores compartilhados pelo grupo com o qual está trabalhando. Seus colegas serão mais receptivos a ideias que reflitam seus valores. Além disso, esteja ciente de seu resultado na avaliação de sua natureza colaborativa. Se houver uma área que possa ser melhorada, faça questão de demonstrar essa melhoria no processo de resolução de problemas.

1. *Elucide o objetivo.* O primeiro passo para impulsionar a colaboração é declarar o objetivo que queremos atingir. As metas podem variar desde uma solução imediata ou de curto prazo até um problema ou objetivo de longo prazo;
2. *Reúna todos os fatos sobre a situação.* Para chegar a uma solução imparcial que inclua a contribuição de todos os envolvidos, precisamos identificar e declarar os fatos relevantes sobre o conflito;
3. *Comunique a situação a todas as partes.* Cada membro do grupo precisa conhecer todas as informações sobre o problema para melhor contribuir para a solução. Se houver funções específicas que gostaria que as pessoas assumissem no processo de colaboração, transmita-as a elas.
4. *Solicite colaboração.* Na linguagem mais objetiva possível, peça colaboração e o que necessitar. Faça um brainstorming com seus colaboradores para obter o que procura: criatividade e inovação, recursos, experiência etc;

5. *Leve em conta as opções.* A maioria das partes na colaboração espera que todos tenham pelo menos algumas ideias de antemão sobre a questão a ser tratada. Esteja aberto a novas ideias e comentários sobre suas soluções;
6. *Implemente a ação.* O mais cedo possível, devemos aplicar a solução;
7. *Acompanhe.* Organize um processo para acompanhamento completo da eficácia da solução. Estabeleça cronogramas para checar o progresso e estabeleça como ele será comunicado;
8. *Avalie.* Depois de três meses, ou outro período que faça sentido em relação ao problema e a solução, verifique se os afetados estão satisfeitos com o resultado.

Para alcançar o sucesso, precisamos, primeiro, de um ideal definido, objetivo e prático — uma meta.
Segundo, devemos ter os meios necessários para atingir os fins: sabedoria, dinheiro, material, métodos.
Terceiro, devemos ajustar todas as nossas necessidades a esse fim.

— ARISTÓTELES

Dicas para uma colaboração eficaz

As etapas mencionadas antes o guiarão pelo processo de colaboração para resolver problemas no local de trabalho. Lembre-se do seguinte ao prosseguir: para que a colaboração funcione, as partes não devem ser chamadas muito cedo nem muito tarde. Uma situação menor pode não precisar ser abordada por um grande grupo, e talvez seja melhor primeiro ver se pode ser resolvida sem envolver outras pessoas. Por outro lado, se formarmos um esforço de colaboração tarde demais, podemos perder um prazo ou deixar o problema escalar.

Lembre-se também de que recursos como pessoas, tempo, dinheiro, espaço e suporte são fatores que contribuem para uma colaboração bem-sucedida. Há menos investimento em recursos quando agimos sozinhos, mas o retorno do investimento é quase sempre maior no longo prazo quando usamos as ideias de muitas partes.

Para maximizar os talentos e a experiência representados na colaboração, todos os planos, esboços, rascunhos e metas disponíveis devem ser compartilhados. Muitas vezes, o objetivo da colaboração é um plano definido. Uma vez que o plano esteja em vigor, poderemos administrar a obtenção da solução sozinhos.

Finalmente, devemos observar que a colaboração raramente decola em culturas onde a gestão é muito controladora ou onde existem limites rígidos entre departamentos e funções de trabalho. As equipes cooperativas que valorizam as contribuições individuais são as mais propícias à colaboração efetiva.

Não agimos corretamente porque temos virtude ou excelência, mas as temos porque agimos corretamente.

— Aristóteles

Viver uma vida harmoniosa

Colaboração para a harmonia na vida pessoal

Além da colaboração no trabalho, vejamos outros locais em que podemos utilizá-la:

Na comunidade

Existem inúmeras maneiras de se envolver em sua comunidade. Treinar um time, distribuir comida para os necessitados, participar do grupo de vigilância do bairro, ser voluntário na escola de seu filho, doar sangue e se filiar a seu partido político são formas de trabalhar com outras pessoas para alcançar um objetivo comum. Para sentir que está contribuindo com sua comunidade e conhecer outras pessoas da vizinhança, procure um desses compromissos comunitários.

No convívio social

Os valores colaborativos podem ser expressos por meio de nossa maneira de socializar. Fazer parte de uma liga esportiva, participar de um clube do livro, assistir a shows com amigos e outras atividades sociais nos permitem aprimorar nossas habilidades de colaboração. Hoje, uma boa parte da socialização gira em torno de questões de saúde. Fazemos exercícios na academia e temos amigos lá, ou participamos de um programa de emagrecimento em grupo. Além disso, cada um tem seus interesses pessoais, como música, jardinagem, escalada, pesca ou colecionismo, e gosta de se reunir com quem tem a mesma paixão. Qualquer atividade que façamos com outras pessoas pode ser uma oportunidade para colaborar ou ajustar nossas habilidades colaborativas.

Nos estudos

Algumas pessoas estão estudando, outras têm filhos na faculdade, muitos são adeptos da educação continuada. A educação é um valor que muitas pessoas compartilham e, como aluno ou pai (ou professor!), podemos debater e trabalhar com outros para promover a experiência de aprendizado.

No âmbito espiritual

Não precisamos frequentar o mesmo local de culto para compartilhar os mesmos valores espirituais. Características individuais simples como humildade, receptividade, carinho ou empatia podem apontar para valores espirituais em comum, que fornecem a estrutura para colaborar na realização do bem no mundo.

Não é difícil tomar decisões quando você sabe quais são seus valores.

— ROY DISNEY

Viver uma vida harmoniosa

Relacionamentos pessoais

Precisamos de colaboração o tempo todo na vida pessoal. Em nossa sociedade, ser "teimoso" muitas vezes é considerado um ponto forte, mas na resolução de problemas é muito melhor ter a mente aberta. Quando ocorrem conflitos nos relacionamentos pessoais, a melhor solução é a colaborativa, em que os interesses de todos são levados em conta. Quando possível, envolva todas as partes para chegar a um consenso. Use interesses comuns como ferramentas para a solução de um problema.

Resumo

- O conflito não aberto pode custar caro para uma empresa e seus funcionários. Perdemos a chance de melhorar ou fazer uma mudança que pode ter um impacto positivo significativo;
- A maioria das pessoas se sente desconfortável quando enfrenta um conflito, pois atrapalha a rotina e faz com que se sintam vulneráveis;
- Para resolver conflitos, adote a abordagem pragmática;
    - Antecipe problemas que possam levar a conflitos e os resolva antes que progridam;
    - Use o processo de conflito como meio de desenvolver mais conhecimento sobre as questões envolvidas;
    - Tenha como objetivo uma solução que agrade ambas as partes.

- Diretrizes em caso de conflito:
  - Aborde a situação quando os ânimos estiverem calmos;
  - Escolha um ambiente neutro para discutir o assunto;
  - Trate a questão como um problema de equipe, se apropriado;
  - Não domine a discussão;
  - Faça perguntas que propiciem informações boas e factuais;
  - Assuma uma posição neutra. Evite comentários acusatórios;
  - Fale sobre o problema, não sobre as pessoas envolvidas;
  - Pare de falar e ouça;
  - Aja de acordo com o que ouvir.
- Diretrizes para ajudar a sair do conflito de maneira produtiva e sem guardar ressentimentos:
  - Tente ver as coisas do ponto de vista do outro;
  - Não se preocupe com ninharias;
  - Aceite as coisas que não pode mudar;
  - Decida quanta ansiedade uma coisa vale e se recuse a dar mais;
  - Nunca busque vingança. É mais satisfatório dar a outra face, em vez de revidar quando achamos que fomos prejudicados.
- Construímos alinhamento por meio de nossos valores compartilhados. Valores compartilhados dão sentido aos nossos relacionamentos e são a base para encontrar soluções para os problemas;

Viver uma vida harmoniosa

- Ao colaborar com pessoas dentro e fora do trabalho, podemos acessar experiência, conhecimento, criatividade e valores de outros profissionais para levar os problemas a uma conclusão bem-sucedida;
- Nossa vida pessoal nos oferece inúmeras oportunidades para colocar as habilidades de colaboração em prática. Um ótimo lugar para começar é em áreas em que todas as partes tenham um interesse comum e usar isso como um trampolim para lidar com o problema.

Apêndice A

Sobre a Dale Carnegie & Associates, Inc.

Fundada em 1912, a Dale Carnegie Training evoluiu da crença de um homem no poder do autoaperfeiçoamento para uma empresa de treinamento baseada em desempenho com escritórios em todo o mundo. Seu foco é dar às pessoas a oportunidade de aprimorar suas habilidades e melhorar seu desempenho nos negócios, a fim de obter resultados positivos, estáveis e lucrativos.

O corpo de conhecimento original de Dale Carnegie tem sido constantemente atualizado, expandido e refinado por quase um século de experiências em negócios. Os 160 fran-

10 passos para uma vida de realização

queados em todo o mundo utilizam seus serviços de treinamento e consultoria em empresas de todos os portes, em todos os segmentos, para aumentar o conhecimento e o desempenho. O resultado dessa experiência coletiva e global é um reservatório em expansão de perspicácia empresarial em que nossos clientes confiam porque gera resultados.

A Dale Carnegie Training está representada nos cinquenta estados dos Estados Unidos e em mais de 75 países. Mais de 2.700 instrutores apresentam programas de treinamento Dale Carnegie em mais de 25 idiomas. A empresa é dedicada a servir a comunidade empresarial no mundo todo. Aproximadamente sete milhões de pessoas concluíram o treinamento que propomos.

Esse treinamento, o Dale Carnegie Training, enfatiza princípios e processos práticos ao projetar programas que oferecem às pessoas o conhecimento, as habilidades e as práticas necessárias para agregar valor a seu negócio.

Por conectar soluções comprovadas com desafios do mundo real, a empresa é reconhecida internacionalmente como líder em despertar o melhor nas pessoas.

Entre os graduados desses programas estão CEOs de grandes corporações, proprietários e gestores de empresas de todos os tamanhos e todas as atividades comerciais e industriais, líderes legislativos, executivos de governos e inúmeras pessoas cuja vida foi enriquecida pela experiência.

Apêndice B

Princípios de Dale Carnegie

Torne-se uma pessoa mais simpática

1. Não critique, não condene nem reclame;
2. Demonstre valorização honesta e sincera;
3. Desperte na outra pessoa um desejo cheio de anseio;
4. Torne-se genuinamente interessado em outras pessoas;
5. Sorria;
6. Lembre-se de que o nome de uma pessoa é, para ela, o som mais doce em qualquer idioma;
7. Seja um bom ouvinte. Incentive os outros a falar sobre si;
8. Fale levando em conta os interesses do outro;

10 passos para uma vida de realização

9. Faça o outro se sentir importante — e faça isso com sinceridade;
10. Para obter o melhor de uma discussão, evite-a;
11. Mostre respeito pela opinião alheia. Nunca diga a uma pessoa que ela está errada;
12. Se estiver errado, admita depressa e enfaticamente;
13. Comece de maneira amigável;
14. Consiga que o outro diga "sim" imediatamente;
15. Deixe o outro falar bastante;
16. Deixe o outro sentir que a ideia é dele;
17. Procure ver as coisas do ponto de vista da outra pessoa;
18. Seja solidário com as ideias e desejos do outro;
19. Apele para os motivos mais nobres;
20. Dramatize suas ideias;
21. Lance desafios;
22. Comece com elogios e valorização;
23. Chame a atenção para os erros das pessoas indiretamente;
24. Fale sobre seus erros antes de criticar o outro;
25. Faça perguntas em vez de dar ordens diretas;
26. Não humilhe os outros;
27. Elogie até a mínima melhoria. "Dê aprovação com entusiasmo e elogios com generosidade.";
28. Fale bem dos outros;
29. Use o incentivo. Faça com que o erro pareça fácil de corrigir;
30. Faça com que o outro fique feliz fazendo o que você sugere.

Princípios de Dale Carnegie

Princípios fundamentais para vencer a preocupação

1. Viva o presente.
2. Como enfrentar problemas:
   - Pergunte a si: "Qual é a pior coisa que pode acontecer?"
   - Prepare-se para aceitar o pior.
   - Tente melhorar o pior.
   - Lembre-se de que sua saúde cobra um preço alto quando você se preocupa.

Técnicas básicas para analisar a preocupação

1. Obtenha todos os fatos;
2. Pese todos os fatos e depois tome uma decisão;
3. Uma vez tomada a decisão, aja!
4. Anote e responda às seguintes perguntas:
   - Qual é o problema?
   - Quais são as causas do problema?
   - Quais são as soluções possíveis?
   - Qual é a melhor solução possível?
5. Quebre o hábito da preocupação antes que ele quebre você;
6. Mantenha-se ocupado;
7. Não perca tempo com ninharias;
8. Use a lei das médias para acabar com suas preocupações;
9. Coopere com o inevitável;
10. Decida quanta ansiedade algo vai lhe causar, e se recuse a dar mais;
11. Não se preocupe com o passado;

10 passos para uma vida de realização

12. Cultive uma atitude mental que lhe trará paz e felicidade;
13. Encha sua mente com pensamentos de paz, coragem, saúde e esperança;
14. Nunca tente se vingar de seus inimigos;
15. Espere ingratidão;
16. Conte suas bênçãos, não seus problemas;
17. Não imite os outros;
18. Crie felicidade para os outros;
19. Tente lucrar com suas perdas.

Este livro foi composto na tipografia
Minion Pro, em corpo 11,5/15,5, e impresso
em papel off-white no Sistema Cameron da
Divisão Gráfica da Distribuidora Record.